Die „Stickstofffrage" in der deutschen Kriegswirtschaft des Ersten Weltkriegs und die Rolle der neutralen Schweiz

Berner Forschungen zur Neuesten Allgemeinen und Schweizer Geschichte

Herausgegeben von
Marina Cattaruzza, Stig Förster,
Christian Pfister, Brigitte Studer

Band 8

Für die Publikation überarbeitete Lizentiatsarbeit in Neuester Allgemeiner Geschichte bei Prof. Dr. Christian Pfister, Bern im Juni 2008

Sandro Fehr

Die „Stickstofffrage“ in der deutschen Kriegswirtschaft des Ersten Weltkriegs und die Rolle der neutralen Schweiz

Verlag Traugott Bautz

Bibliografische Information Der Deutschen Bibliothek
Die Deutsche Bibliothek verzeichnet diese Publikation in der Deutschen Nationalbibliografie; detaillierte bibliografische Daten sind im Internet über http://dnb.ddb.de abrufbar.

Verlag Traugott Bautz GmbH 99734 Nordhausen 2009
ISBN 978-3-88309-482-3

Inhaltsverzeichnis

1 Einleitung

„Am 4. August des letzten Jahres, als England den Krieg erklärte, geschah das Ungeheuerliche und nie Gewesene: unser Land wurde zur belagerten Festung. Geschlossen zu Lande und geschlossen zur See war es nun angewiesen auf sich selbst; und der Krieg lag vor uns, unübersehbar in Zeit und Aufwand, in Gefahr und Opfer.“[1]

Es sind dramatische Worte in denen Walther Rathenau[2] 1915 in einem Vortrag die Lage Deutschlands zu Beginn des Ersten Weltkriegs schilderte. Dass eine gewisse Dramatik keineswegs unbegründet war, wird bei näherer Betrachtung der wirtschaftlichen Kampfmassnahmen der am Ersten Weltkrieg beteiligten Mächte deutlich. Dabei zeigt sich, dass neben der militärischen Front von Beginn weg ein regelrechter Wirtschaftskrieg geführt wurde.[3] So geschlossen die kriegführenden Staaten daran partizipierten, so unterschiedlich lang waren ihre Spiesse. Ein eindeutiger Schwachpunkt der Mittelmächte war ihre strategisch ungünstige geographische Lage. Sie ermöglichte es der militärisch überlegenen britischen Kriegsflotte, eine Wirtschaftsblockade zu errichten, durch die Deutschland und seine Verbündeten bereits kurz nach Kriegsausbruch praktisch vollständig vom Welthandel abgeschnitten wurden.[4] Die deutsche Wirtschaft traf dies in zweierlei Hinsicht empfindlich: zum einen, weil sie stark exportorientiert war, und zum andern, weil sie nicht nur auf die Einfuhr von Agrarprodukten, sondern auch auf den Import zahlreicher kriegswichtiger Rohstoffe wie Metallerze, Schwefel, Rohöl oder Chilesalpeter angewiesen war.[5]

Wie schon sein Name sagt, stammte der letzte der genannten Rohstoffe aus Südamerika und musste folglich aus Übersee beschafft werden. Mit dem blockadebedingten Wegfall von dessen Einfuhr verlor die deutsche Wirtschaft den Zugriff auf die wichtigste Stickstoffverbindung der Vorkriegszeit, die sowohl für die Stickstoffdüngung in

[1] Rathenau, Rohstoffversorgung: 8.
[2] 1867-1922 (ermordet), Industrieller und Politiker, 1914-1915 Leiter der Kriegsrohstoffabteilung (KRA), 1922 Aussenminister. Siehe Sabrow, Rathenau.
[3] Hardach, Weltkrieg: 19.
[4] Michalka, Kriegsrohstoffbewirtschaftung: 486.
[5] Ehlert, Zentralbehörde: 36.

der Landwirtschaft als auch für die Produktion von Explosivstoffen essenziell war.

1.1 Relevanz des Gegenstands

Wie bereits erwähnt wurde, waren Stickstoffverbindungen für mindestens zwei bedeutsame Produktionszweige nicht zu entbehren: Zum einen erforderte die Herstellung sämtlicher für Kriegszwecke verwendbarer Explosivstoffe Salpetersäure, welche praktisch ausschliesslich aus Chilesalpeter gewonnen wurde.[6] Zum anderen war die deutsche Landwirtschaft zur Aufrechterhaltung der Flächenerträge auf Handelsdünger angewiesen. Unentbehrlich war dabei auch eine ausreichende Stickstoffdüngung, wozu wiederum hauptsächlich Chilesalpeter verwendet wurde.[7] Es ist offensichtlich, dass die landwirtschaftliche Produktion direkt mit der Ernährung der Bevölkerung verknüpft ist, während die Herstellung von Explosivstoffen unmittelbaren Einfluss auf die Munitionserzeugung hat. Da sowohl eine ausreichende Ernährung als auch die Verfügbarkeit über Munition als kriegswichtig gelten dürfen, kann daraus eine hohe kriegswirtschaftliche Relevanz der Versorgung mit Stickstoffverbindungen abgeleitet werden. Die Bedeutung der Ressource „Stickstoff" übersteigt daher die Wichtigkeit anderer Rohstoffe, die im Ersten Weltkrieg zwar ebenfalls zur Mangelware wurden, deren Verfügbarkeit für die Fortsetzung militärischer Operationen und das Überleben der Bevölkerung jedoch nicht im selben Grade massgebend war.

1.2 Erkenntnisleitende Fragestellung

Wie im Rahmen der Darstellung der Literatur noch zu zeigen sein wird, misst die Geschichtsschreibung über den Ersten Weltkrieg dem Aspekt der Versorgung mit Stickstoffverbindungen kaum jenen

---

[6] Poppenberg, Pulver: 94.
[7] Huegel, Kriegsernährungswirtschaft: 36.

Stellenwert bei, den man aufgrund der oben skizzierten Zusammenhänge erwarten könnte. Das dadurch erzeugte Spannungsfeld erfordert, dass der Bedeutung der Versorgung mit Stickstoffverbindungen vertieft nachgegangen wird. Die *erste Fragestellung* der vorliegenden Arbeit lautet daher wie folgt: Welche Relevanz hatte die Versorgung mit Stickstoffverbindungen in der deutschen Kriegswirtschaft des Ersten Weltkriegs?

Direkt an die Darlegungen zu dieser Frage anknüpfend soll ermittelt werden, wie es um die Versorgungslage tatsächlich stand. Dazu wird als Grundlage zuerst die Vorkriegssituation erörtert, um anschliessend zu untersuchen, wie sich die Lage unter den starken und vielseitigen Einflüssen des Kriegs gewandelt hat. Von Interesse sind dabei insbesondere gewisse quantitativ erfassbare Faktoren wie etwa Nachfrage, Verbrauch oder Angebot der verschiedenen Stickstoffverbindungen. Die Beleuchtung der Versorgungslage soll sich jedoch nicht auf eine Quantifizierung beschränken, sondern auch qualitativ erfolgen. Somit wird im Rahmen der *zweiten Fragestellung* folgenden Fragen nachgegangen: Wie präsentierte sich die deutsche Versorgung mit Stickstoffverbindungen in der unmittelbaren Vorkriegszeit und wie entwickelte sie sich im Verlauf des Kriegs?

Es versteht sich von selbst, dass die deutsche Stickstoffversorgung nicht nur durch kriegsbedingte Negativfaktoren beeinflusst wurde, sondern auch durch Massnahmen, die einem Mangel an Stickstoffverbindungen entgegenwirken sollten. In der vorliegenden Arbeit wird daher auch untersucht, ob und inwieweit vor Ausbruch des Kriegs entsprechende Vorkehrungen getroffen wurden. Darauf aufbauend werden anschliessend die kriegswirtschaftlichen Massnahmen im Verlaufe des Kriegs im Vordergrund stehen, womit sich die *dritte Fragestellung* wie folgt formulieren lässt: Welche Massnahmen wurden in Deutschland getroffen, um den negativen Einflüssen des Kriegs auf die Versorgung mit Stickstoffverbindungen zu begegnen?

Wenn die unmittelbar nach Kriegsbeginn einsetzende alliierte Blockade gegen die Mittelmächte diese auch vom Welthandel ausschloss, so blieben Handelsbeziehungen zu benachbarten neutralen Staaten dennoch möglich.[8] Die wirtschaftliche Isolation der Mittelmächte war also keineswegs absolut. Eine Beurteilung der deutschen

---

[8] Hardach, Weltkrieg: 25.

Rohstoffversorgung im Ersten Weltkrieg sollte daher auch die Rolle der neutralen Staaten berücksichtigen. In der vorliegenden Arbeit wird diesem Umstand dadurch Rechnung getragen, dass exemplarisch die diesbezüglichen Beziehungen Deutschlands mit der Schweiz unter die Lupe genommen werden. Die bereits erwähnten Fragestellungen werden daher um eine *vierte* ergänzt: Konnte Deutschland die alliierte Blockade umgehen, indem es Stickstoffverbindungen indirekt über die Schweiz einführte? Exportierte die Schweiz im Inland produzierte Stickstoffverbindungen oder Ressourcen zur Erzeugung von Stickstoffträgern nach Deutschland?

1.3 Eingrenzung des Themas

Zur Präzisierung der Fragestellung ist die Vornahme einiger Eingrenzungen vonnöten. So wird in der gesamten Arbeit grundsätzlich darauf verzichtet, kriegswirtschaftliche sowie sonstige staatliche Strukturen oder deren Funktionsweise näher darzustellen, solange dies für die Beleuchtung des Gegenstands nicht zwingend erforderlich ist. Auch auf einzelne Personen – seien es juristische oder natürliche – wird nur im Rahmen der Fragestellung eingegangen. Genauso wenig wie einzelne Personen sollen chemisch-technische Details im Vordergrund der Arbeit stehen. Zwar werden diesbezüglich zum besseren Verständnis der Zusammenhänge gewisse Grundlagen erarbeitet werden müssen, doch soll auch dabei das Mass des zwingend erforderlichen nicht überschritten werden.

Bei der Untersuchung der Rolle der Schweiz ist darauf zu achten, dass diese ausschliesslich in Bezug auf die deutsche Versorgung mit Stickstoffverbindungen erfolgt. Keinesfalls sollen etwa die deutsch-schweizerischen Beziehungen also solche, die Schweizer Kriegswirtschaft, oder gar die schweizerische Stickstoffversorgung Gegenstand der vorliegenden Arbeit sein. Was die territoriale Eingrenzung anbelangt, beschränkt sich die Untersuchung im Wesentlichen auf die Lage in *Deutschland* sowie auf die Rolle, welche die *Schweiz* in diesem Zusammenhang spielte. Aus Gründen der Verständlichkeit wird der Begriff „Deutschland“ in der gesamten Arbeit anstelle der offiziellen Bezeichnung „Deutsches Reich“ verwendet. Andere Staaten werden nur dann in die Untersuchung mit einbezogen, wenn dies im Sinne der Fragestellung erforderlich erscheint. Folglich wird weder die Versorgung der gesamten Mittelmächte mit Stickstoffverbindungen rekonstruiert, noch werden Vergleiche mit den Staaten der Entente angestellt. Österreich-Ungarn wurde also bewusst weitgehend ausgeklammert. Begründen lassen sich diese geographischen Eingrenzungen mit dem begrenzten Umfang der Arbeit und arbeitsökonomischen Überlegungen.

Der Untersuchungszeitraum der Arbeit beschränkt sich im Wesentlichen auf das letzte Vorkriegsjahr sowie auf die eigentliche Kriegszeit, also auf die Jahre 1914 bis 1918.[9] Auf die Darstellung der letzten Phase der alliierten Blockade im Jahr 1919[10] und des Übergangs zur Friedenswirtschaft wird bewusst verzichtet. Für das Verständnis der Thematik werden hingegen gewisse Rückgriffe auf die weitere Vorkriegszeit unvermeidlich sein. Ganz besonders gilt dies natürlich im Zusammenhang mit der Ermittlung der deutschen Versorgungslage *vor* Kriegsausbruch, allfälliger Vorsorgemassnahmen oder der Erläuterung der Entstehung gewisser chemisch-industrieller Verfahren. Aber auch die Skizzierung von Themen wie der agrarwirtschaftlichen Entwicklung Deutschlands oder des internationalen Diskurses über die Stickstoffversorgung der Menschheit erfordert eine Berücksichtigung der Zeit vor 1913.

1.4 Literatur und Forschungsstand

Bei der Darstellung des Forschungsstands ist vorwegzunehmen, dass die Thematik der deutschen Versorgung mit Salpeter oder sonstigen Stickstoffverbindungen als grundsätzlich bekannt gelten darf. Der Umstand, dass durch die alliierte Blockade die Zufuhr an Chilesalpeter dahinschwand und damit ein Schlüsselprodukt zur Mangelware wurde, wird sogar in einigen Übersichtswerken zur Geschichte des Ersten

---

[9] Für die wichtigsten Eckdaten des Ersten Weltkriegs siehe z.B. Kinder, Hilgemann, dtv-Atlas: 400-411.

[10] Vincent, Politics: 65.

Weltkriegs erwähnt. So etwa bei Volker Berghahn[11] oder Roger Chickering[12]. Selbst in populärwissenschaftliche Magazine wie GEO Epoche hat das Thema bereits Eingang gefunden.[13] Sowohl in der Übersichts- wie auch in der Massenliteratur beschränkt sich der Umfang der entsprechenden Erörterungen jedoch meistens auf einige wenige Sätze. Wer nach weitergehenden Ausführungen sucht, wird in der neueren Literatur keine eigenständigen Werke finden, die sich mit der deutschen Versorgung mit Stickstoffverbindungen im Ersten Weltkrieg befassen. Aufgegriffen wurde diese Materie in neuerer Zeit lediglich im Rahmen von Abhandlungen zu anderen Themata. Über sie soll im Folgenden ein Überblick gewährt werden, wobei die im Zusammenhang mit der *deutschen* Versorgung stehenden Werke zuerst erwähnt werden. In einem zweiten Teil folgt dann die Analyse des Forschungsstands zur Rolle der Schweiz.

1.4.1 Literatur zur deutschen „Stickstofffrage" im Ersten Weltkrieg

Auf die deutsche Versorgungslage während des Ersten Weltkriegs wird etwa in der Literatur zur allgemeinen historischen Entwicklung der weltweiten Stickstoffversorgung eingegangen. So beispielsweise in einem durch und durch interdisziplinären Werk von *Vaclav Smil*, der innerhalb eines Kapitels auch den Aufbau der Stickstoffwerke der Badischen Anilin- & Soda-Fabrik (BASF) sowie die deutsche Versorgung mit Stickstoffverbindungen während des Ersten Weltkriegs behandelt.[14] Die Informationen, die diesen Ausführungen zu entnehmen sind, müssen jedoch allein schon aufgrund ihres Umfangs von einigen wenigen Seiten als bescheiden bezeichnet werden. Inhaltlich wird das Thema nur in Bezug auf die BASF angegangen – was schade ist, da es sich ansonsten um eine lehrreiche und akribisch recherchierte Schrift handelt. *Alfred von Nagel* hingegen geht in seiner

---

[11] Berghahn, Weltkrieg: 50.
[12] Chickering, Reich: 52.
[13] Lahusen, Tod: 86.
[14] Smil, Earth.

Publikation zur Geschichte der Bindung des Luftstickstoffs zwar etwas näher auf den Ersten Weltkrieg ein, orientiert sich dabei jedoch ebenfalls fast ausschliesslich an der Rolle der BASF und bleibt auch sonst stark an der Oberfläche.[15]

Das Thema der Versorgung mit Stickstoffverbindungen im Weltkrieg wird auch in der Literatur zur Geschichte der deutschen chemischen Industrie sowie in Darstellungen über damals involvierte chemische Unternehmen aufgegriffen. Als Beispiel für diese Gruppe wäre *Walter Teltschiks* „Geschichte der deutschen Grosschemie" zu nennen.[16] Zu Teltschik, der nach eigenen Angaben selber „Mitarbeiter eines grossen Chemieunternehmens" war[17], ist zu sagen, dass er sich zwar redlich bemüht, das Thema möglichst unbefangen darzustellen. Doch wie schon Smil und Nagel vertritt auch er in seiner kurzen Darstellung der Versorgung mit Stickstoffverbindungen im Weltkrieg weitgehend die Sicht der BASF. Zurückgeführt werden dürfte dies wohl primär darauf, dass Teltschik im Zusammenhang mit diesem Gegenstand fast ausschliesslich Fakten aus der beinahe vierzig Jahre älteren Bosch-Biographie von *Karl Holdermann* wiedergibt, in der die Zeit des Ersten Weltkriegs lediglich im Rahmen von Carl Boschs Wirken in den beiden BASF-Werken in Ludwigshafen und Merseburg gestreift wird.[18] Zu Holdermanns Schrift ist zu vermerken, dass sie wissenschaftlichen Kriterien kaum genügt. Störender als die übertrieben heroische Darstellung Boschs ist dabei der Umstand, dass er in seinen Ausführungen gänzlich auf Quellennachweise verzichtet.

Anders als Teltschik stützt sich *Werner Abelshauser* in dem von ihm herausgegebenen Band über die Unternehmensgeschichte der BASF auf Quellenstudien ab.[19] *Jeffrey Allan Johnson*, der in diesem Werk den Abschnitt über die Periode zwischen 1900 und 1925 verfasst hat, ist es insgesamt gelungen, einen zwar kurzen, aber sehr fundierten Überblick über die Probleme der Deutschen bezüglich der Versorgung mit gebundenem Stickstoff zu verfassen.[20] Trotz der starken BASF-Orientierung verliert er die anderen Firmen und Verfahren nicht aus

---

[15] Nagel, Stickstoff.
[16] Teltschik, Geschichte.
[17] Teltschik, Geschichte: V.
[18] Holdermann, Bann.
[19] Abelshauser (Hg.), BASF.
[20] Johnson, Macht: 117-219.

den Augen und geht sogar auf Konkurrenzkämpfe ein, die zwischen ihnen stattgefunden haben.

Der zum Thema der deutschen Versorgung mit Stickstoffverbindungen wohl umfassendste und tiefschürfendste Beitrag der gesamten neueren Literatur stammt aus einem Kapitel der Haber-Biographie der deutschen Historikerin *Margit Szöllösi-Janze*.[21] Ihre Beleuchtung der deutschen Problemlage nach dem Wegfall der überseeischen Salpeterzufuhr berücksichtigt auch die Verknüpfungen mit der Munitionsversorgung und der Landwirtschaft. Obwohl sie sich als Fritz Habers Biographin verständlicherweise stark an seiner Person ausrichtet, macht sie dennoch deutlich, dass in der Stickstoffwirtschaft nebst der BASF und dem Haber-Bosch-Verfahren auch andere Unternehmen und Methoden existierten. Die zwischen den verschiedenen kommerziellen Akteuren bestehenden Konkurrenzverhältnisse stehen denn auch im Zentrum von Szöllösi-Janzes Untersuchungen. Leider geht die Autorin zu stark auf diese Interessenskämpfe ein, setzt sich jedoch kaum mit den tatsächlichen Auswirkungen auf die Versorgungslage auseinander. Dort wo sie es dennoch tut, stützt sie sich fast ausschliesslich auf Zahlen ab, die sie der Zwischenkriegsliteratur entnommenen hat und die sich anlässlich der Untersuchungen zur vorliegenden Arbeit teilweise als falsch erwiesen haben.

1.4.2 Literatur zur Rolle der Schweiz

Die Frage, ob die *Schweiz* zur Zeit des Ersten Weltkriegs im Rahmen der deutschen Versorgung mit Stickstoffverbindungen eine gewisse Rolle spielte, wird in der Literatur nicht gestellt. Besonders deutlich lässt sich dies anhand des 2008 von *Roman Rossfeld* und *Tobias Straumann* herausgegebenen Werks aufzeigen, das sich mit Schweizer Unternehmen im Ersten Weltkrieg befasst. Ironischerweise wird in der Einführung zwar auf das deutsche Problem des „rückläufigen Import[s]“ von Chilesalpeter und die „Entwicklung des sogenannten Haber-Bosch-Verfahrens“ hingewiesen.[22] Dennoch wurde die Idee,

[21] Szöllösi-Janze, Haber: 256-408. Siehe auch Szöllösi-Janze, Berater.
[22] Rossfeld, Straumann, Fronten: 12.

dass die im Zentrum des Buches stehende Schweizer Wirtschaft etwas mit der deutschen Stickstoffversorgung zu tun gehabt haben könnte, von keinem der Autoren aufgegriffen.

Auch in der übrigen Literatur, wie etwa in *Heinz Ochsenbeins* Schrift über die „Methoden ausländischer Wirtschaftskontrollen über die Schweiz“, bleibt der sehr spezifische Gesichtspunkt des Einflusses der Schweizer Wirtschaft oder auch staatlicher Akteure auf die deutsche Versorgung mit Stickstoffverbindungen weitgehend unerwähnt.[23] Die einzigen Ausnahmen stellen einige Jubiläumsschriften und Chroniken von Unternehmen dar, in denen vereinzelt darauf hingewiesen wird, dass im Ersten Weltkrieg gewisse Schweizer Zwischenprodukte oder Ressourcen in der deutschen Stickstoffwirtschaft Verwendung fanden.[24]

1.4.3 Fazit Forschungsstand

Zum Forschungsstand lässt sich abschliessend feststellen, dass der Gegenstand der deutschen Versorgung mit Stickstoffverbindungen im Ersten Weltkrieg in der Literatur zwar verschiedentlich gestreift wird, eine eigenständige, vertiefte Darstellung jedoch fehlt. Grundsätzlich sind die einzelnen Ausführungen nur von sehr begrenztem Umfang, wodurch sie zwangsweise an der Oberfläche zu bleiben tendieren. Auch lässt sich in der gesamten Literatur eine starke Einseitigkeit zugunsten der Darstellung der BASF und des Verfahrens nach Haber-Bosch feststellen, was dem in dieser Materie bestehenden, umfangreichen Akteursnetzwerk und den komplexen chemisch-technischen Zusammenhängen in keiner Weise gerecht wird. Auch sonst werden die zahlreichen und vielschichtigen Verknüpfungen zwischen und innerhalb der Landwirtschaft und der Explosivstoffindustrie sowie zwischen den verschiedenen Lieferanten von gebundenem Stickstoff nur ungenügend gewürdigt. Es ist daher nicht verwunderlich, dass auch eine Quantifizierung der Versorgungslage weitgehend fehlt oder aber

[23] Ochsenbein, Wirtschaftsfreiheit.

[24] Fux, 100 Jahre: 22, 30; Wanner, 75 Jahre: 10; Maier, LONZA-Werke: 35; Wörner, Lonza: 115.

fehlerhafte Zahlen aus der Zwischenkriegsliteratur ungeprüft übernommen wurden. Eine wissenschaftliche Aufarbeitung der Rolle, welche die Schweiz im Rahmen der deutschen Stickstoffwirtschaft gespielt hat, fehlt sogar gänzlich.

Es lässt sich somit Folgendes festhalten: *Erstens* macht die Diskrepanz zwischen der Relevanz dieses Gegenstands und dem Stand der Aufarbeitung dieser Thematik deutlich, dass der vorliegenden Arbeit ein entsprechender Forschungsbedarf zugrunde liegt. *Zweitens* hat sich gezeigt, dass aufgrund des Ungenügens der Literatur für weitergehende Untersuchungen zwingend Quellen herangezogen werden müssen.

1.5 Quellenlage

1.5.1 Literatur mit Quellencharakter

Bereits vor Ausbruch des Ersten Weltkriegs erschienen zahlreiche Schriften, welche die „Stickstofffrage" zum Gegenstand hatten, darunter eine umfangreiche Studie von *Robert Huber*, der darin die Befürchtung äussert, dass die Ernährung einer stark zunehmenden Weltbevölkerung in Zukunft grössere Mengen an Stickstoffverbindungen erfordern werde, als weltweit verfügbar seien.[25] Damit übernahm er eine bereits 1898 unter dem Begriff „Wheat Problem" bekannt gewordene These des englischen Physikers und Chemikers *Sir William Crookes*.[26] In der Vorkriegszeit erschienen weitere Publikationen zu diesem Thema, beispielsweise von *Hermann Grossmann*[27], *Wilhelm Rabius*[28] und von *Nikodem Caro*[29].

Die ersten grösseren Darstellungen, in denen auch auf die deutsche Stickstoffversorgung während des Ersten Weltkriegs eingegangen wurde, entstanden bereits zu Beginn der Zwischenkriegszeit. Die bekannteste Publikation darüber dürfte das 1921 erschienene Werk des Ökonomen *Walter Eucken* sein. Im Rahmen einer Darstellung der

[25] Huber, Stickstoff-Frage.
[26] Crookes, Wheat.
[27] Grossmann, Stickstofffrage.
[28] Rabius, Betrachtungen.
[29] Caro, Stickstofffrage.

„Stickstoffversorgung der Welt" wird darin u.a. auch gezeigt, wie sich die alliierte Blockade auf die deutsche Munitionserzeugung und die Landwirtschaft auswirkte.[30] Das dabei verwendete Zahlenmaterial wird zwar auch in der neuesten Literatur gerne zitiert, erwies sich jedoch laut den der vorliegenden Arbeit zugrundeliegenden Untersuchungen als ungenau bzw. teilweise sogar als falsch.[31] Obschon weit weniger rezipiert, ist auch *Bruno Waesers* erstmals 1922 erschienene Publikation über „Die Luftstickstoffindustrie" als ein bedeutendes Werk zu bezeichnen.[32] Nebst einer Darstellung der weltweiten Entwicklung der Stickstoffwirtschaft weist das Buch auch einen umfangreichen technischen Teil auf, weshalb es sich gut als Nachschlagewerk für entsprechende Fachinformationen eignet.

Im Gegensatz zu Eucken und Waeser bezieht sich *Carl Clauss* in seiner Dissertation von 1927 ausschliesslich auf die *landwirtschaftliche* Situation im Rahmen der deutschen Stickstoffversorgung.[33] Dabei hebt er die kriegswirtschaftlichen Zwangsmassnahmen besonders hervor und diskutiert mögliche Auswirkungen der Versorgungslage auf die landwirtschaftlichen Erträge. Weitere Dissertationen existieren zu folgenden Themen: „Die volkswirtschaftliche Bedeutung der Kalkstickstoffindustrie" von *Schwerdtfeger*,[34] „die volkswirtschaftliche Bedeutung der Stickstoff-Frage für Deutschland" im Allgemeinen von *Schmitt*[35] sowie die „oberschlesischen Stickstoffwerke" in Chorzow von *Braetsch*[36]. Diese drei Publikationen waren für die der vorliegenden Arbeit zugrunde liegenden Untersuchungen jedoch nur von geringem Nutzen, da sie allesamt nur kurz auf die Problemlage des Ersten Weltkriegs eingehen. Als interessant erwies sich auch die in der Deutschen Demokratischen Republik (DDR) entstandene Dissertation von *Eberhard Stein*, in der die Geschichte der Leunawerke[37] und deren Bedeutung in der Novemberrevolution dargestellt werden.[38] Abgese-

[30] Eucken, Stickstoffversorgung: 85-119.
[31] Siehe Kapitel 5.
[32] Waeser, Luftstickstoff-Industrie, 1. Auflage.
[33] Clauss, Stickstoffversorgung.
[34] Schwerdtfeger, Bedeutung.
[35] Schmitt, Bedeutung.
[36] Braetsch, Stickstoff-Frage.
[37] Im Ersten Weltkrieg durch die BASF errichtetes Stickstoffwerk, benannt nach einem nahe gelegenen Dorf.
[38] Stein, Entstehung.

hen von einigen aufschlussreichen Hinweisen zur deutschen Stickstoffwirtschaft im Ersten Weltkrieg enthält die Arbeit jedoch leider auch unzählige politisch motivierte Aussagen und Schlussfolgerungen, weshalb das Werk ebenfalls als Quelle zu behandeln ist. Ähnlich verhält es sich mit einer von *Kurt Lau* verfassten DDR-Schrift zur Betriebsgeschichte des Stickstoffwerks Piesteritz.[39]

Hinweise darüber, ob die Schweiz im Rahmen der deutschen Versorgung mit Stickstoffverbindungen eine Rolle gespielt hat, finden sich in der Zwischenkriegszeit praktisch keine. Die einzigen Ausnahmen bilden vereinzelte Hinweise in den oben bereits behandelten Schriften von Eucken und Waeser. Während Eucken auf die Errichtung eines Tochterunternehmens der Schweizer Elektrizitätswerke Lonza AG auf deutschem Boden aufmerksam macht, meint Waeser, dass die „deutsch-schweizerischen Carbid- und Kalkstickstofffabriken der eigentlichen Schweiz in erheblichem Umfange an der Versorgung Deutschlands teilgenommen" hätten.[40]

1.5.2 Gedruckte Quellen

Eine Möglichkeit, offizielles Zahlenmaterial über wichtige Industriezweige und den internationalen Warenverkehr zu erhalten, besteht in der Konsultation entsprechender amtlicher Druckschriften, wie etwa dem Statistischen Jahrbuch für das Deutsche Reich.[41] Leider wurde dieses Periodikum während der Kriegszeit nur in einer stark reduzierten Version veröffentlicht. Bezüglich der Schweiz bietet sich zum Thema der vorliegenden Arbeit insbesondere der Bericht der Sektion Chemie der Abteilung für industrielle Kriegswirtschaft des Eidgenössischen Volkswirtschaftsdepartements (EVD) an, dessen Angaben

---

[39] Lau, Kalkstickstoff.

[40] Eucken, Stickstoffversorgung: 103; Waeser, Luftstickstoff-Industrie, 1. Auflage: 24.

[41] Kaiserliches Statistisches Amt (Hg.), Jahrbuch; Statistisches Reichsamt (Hg.), Jahrbuch.

diejenigen der Statistik des Zolldepartements an Genauigkeit übertreffen.[42]

Was Quelleneditionen anbelangt, ist auf das Tagebuch *Wichard von Moellendorffs* hinzuweisen, dessen Konsultation insbesondere zur Rekonstruktion der Anfänge der deutschen Kriegswirtschaft sehr aufschlussreich ist.[43] Artikel aus zeitgenössischen Fachzeitschriften wurden in der vorliegenden Arbeit nur vereinzelt verwendet, da die enorme Menge an potentiell relevanten Zeitschriften und der beträchtliche Aufwand für deren Sichtung sich als zu gross erwiesen. Abgesehen davon unterlagen derartige öffentliche Drucksachen oft der Zensur und sind daher nur von geringer Aussagekraft.

1.5.3 Ungedruckte Quellen

Im Rahmen der Recherchen für die vorliegende Arbeit wurde zunächst die Abteilung R des Bundesarchivs in Berlin aufgesucht. Dabei erwiesen sich insbesondere die Bestände des Reichsfinanzministeriums (R 2), der Reichskanzlei (R 43), des Reichsministeriums für Ernährung und Landwirtschaft (R 3601) und der Kriegschemikalien AG (R 8729) als aufschlussreich. Mit einem Besuch in der Abteilung MA (Militärarchiv) des Bundesarchivs in Freiburg im Breisgau wurde auch der Versuch unternommen, die militärischen Organe der deutschen Kriegswirtschaft vertieft mit einzubeziehen. Da jedoch im Zweiten Weltkrieg zahlreiche höchst bedeutsame Bestände vernichtet worden waren, zeitigte dieses Unterfangen nicht den erwarteten Erfolg.[44] In den Beständen des Preussischen Kriegsministeriums (PH 2), des Generalstabs (PH 3) und in der sogenannten „Militärgeschichtlichen Sammlung“ (MSg 2) konnte aber dennoch einiges an brauchbaren Akten gefunden werden. Um eine Vernachlässigung der privatwirtschaftlichen Akteure zu vermeiden, wurde zusätzlich zu den öffentlich zu-

---

[42] Abteilung für industrielle Kriegswirtschaft (Hg.), Übersicht; Schweizerisches Zolldepartement (Hg.), Statistik.

[43] Tagebuch Moellendorff.

[44] Beispielsweise gingen Anfang 1945 alle Akten der Kriegs-Rohstoff-Abteilung (KRA) verloren. (Burchardt, Quelle: 72.)

gänglichen Archiven auch das Unternehmensarchiv der BASF in Ludwigshafen am Rhein besucht.

Zur Analyse der Rolle der Schweiz lieferten die Akten des Schweizerischen Bundesarchivs einen Beitrag. Als ergiebig erwiesen sich hier insbesondere die Bestände des Eidgenössischen Politischen Departements (E 2001) zur Landesverteidigung (E 27) und zur Kriegswirtschaft des EVD (E 7350). Da der Zugang zu den Archiven der wichtigsten privatwirtschaftlichen Schweizer Akteure nicht oder nur mit unverhältnismässig hohem (finanziellem) Aufwand möglich gewesen wäre, wurden in der Schweiz keine Unternehmensarchive besucht. Im Falle des auf deutschem Boden errichteten Werks der Schweizer Firma Lonza konnte jedoch auf Akten eines Bestands des Stadtarchivs Waldshut-Tiengen ausgewichen werden.

1.6 Aufbau der Arbeit

Zur Beantwortung der Fragestellung wird in der vorliegenden Arbeit zuerst aufgezeigt, von welch grundsätzlicher Bedeutung die Verfügbarkeit über gebundenen Stickstoff für die Existenz pflanzlichen und tierischen Lebens ist. Ausserdem wird dargestellt, auf welche Weise eine zunehmend industrialisierte Gesellschaft ihren Stickstoffbedarf decken konnte und welche Abhängigkeiten dabei bestanden. Im Gegensatz zur dabei umrissenen *klassischen* „Stickstofffrage" steht in Kapitel 3 die *deutsche* „Stickstofffrage" als kriegswirtschaftliches Problem im Vordergrund. Dabei wird insbesondere ermittelt, wie sich die deutsche Versorgung mit Stickstoffverbindungen in der unmittelbaren Vorkriegszeit präsentierte und welche Vorsorgemassnahmen im Hinblick auf einen Krieg getroffen wurden. Das daran anschliessende Kapitel ist ganz der Analyse der kriegsbedingten negativen Einflüsse auf die deutsche Stickstoffversorgung und den ersten kriegswirtschaftlichen Massnahmen gewidmet. In den Kapiteln 5 und 6 werden die entsprechenden Entwicklungen in den Jahren 1915-1916 bzw. 1917-1918 weiterverfolgt. Auf die Rolle der Schweiz wird primär im siebten Kapitel eingegangen. Mit einer Zusammenfassung der gewonnenen Erkenntnisse und den daraus gezogenen Schlussfolgerungen in Kapitel 8 schliesst die Arbeit ab.

2 DIE „STICKSTOFFFRAGE“ IM EIGENTLICHEN SINNE

2.1 Grundlagen

2.1.1 Die Verfügbarkeit über Stickstoffverbindungen als Voraussetzung pflanzlichen und tierischen Lebens

Bei Stickstoff handelt es sich um ein gasförmiges Element mit dem Symbol N (Nitrogenium), das in der Natur überwiegend als N_2 auftritt. Das Gas kommt in der Luft zu 78.1 Vol. % vor und ist äusserst reaktionsträg (inert).[45] Stickstoff lässt sich folglich nur schwer mit anderen Elementen verbinden. Dies ist auch der Grund, weshalb über 99% des weltweiten Stickstoffvorkommens in elementarer Form vorliegt.[46] Auch Menschen, Tiere und Pflanzen sind nicht in der Lage, das elementare Gas in eine reaktive, im Stoffwechsel nutzbare Form überzuführen.[47] Dennoch lassen sich in ihren Organismen Stickstoffverbindungen nachweisen, ohne die sie weder jemals entstanden wären noch überleben könnten. Benötigt wird gebundener Stickstoff etwa zur Bildung von Aminosäuren, die für den Aufbau von Proteinen (Eiweissen) erforderlich sind.[48] Deren Stellenwert wird wiederum klar, wenn man bedenkt, dass die Zellen der menschlichen, tierischen und pflanzlichen Organismen hauptsächlich aus Proteinen bestehen.[49] Aber auch Hormone, Enzyme und Antikörper sind zu den Eiweissen zu zählen. Als sogenannt „zusammengesetzter Eiweissstoff“ handelt es sich bei Chlorophyll ebenfalls um eine Stickstoffverbindung.[50] Seine besondere Bedeutung besteht darin, dass es den Pflanzen die Photosynthese ermöglicht, wodurch – indirekt über die Ernährung – auch Mensch und Tier mit Energie versorgt werden.[51] Es soll an dieser Stelle nicht weiter auf die einzelnen Prozesse in den Organismen eingegangen werden. Doch ist grundsätzlich festzuhalten, dass Menschen, Tiere

[45] Pschyrembel (Hg.), Pschyrembel: 1506.
[46] Krebs, Chemie: 13.
[47] Smil, Weltbevölkerung: 39.
[48] Pschyrembel (Hg.), Pschyrembel: 54.
[49] Stotz, Stickstoff: 185.
[50] Scheffer, Pflanze: 156.
[51] Trott, Stickstoff: 7.

und Pflanzen aus organischen Materialien und Stoffen bestehen, die in ihrer Struktur teilweise auch Stickstoffatome enthalten, die sie aber, wie bereits dargelegt, nicht in elementarer Form aus der Luft aufgenommen haben können. Das lebenswichtige Element muss ihnen folglich in chemisch gebundener Form zur Verfügung gestanden haben.

2.1.2 Der natürliche Stickstoffkreislauf

Eine Quelle gebundenen Stickstoffs sind elektrische, beispielsweise als Blitzschlag auftretende Entladungen in der Atmosphäre, die aufgrund der enormen Menge an freigesetzter Energie dazu führen, dass N_2-Bindungen aufgetrennt werden, wodurch eine Reaktion mit Luftsauerstoff ermöglicht wird.[52] Das so entstandene Stickoxyd bzw. Stickstoffdioxyd oxidiert anschliessend auch ohne weitere Energiezufuhr erneut, womit Nitrat gebildet wird. Dieses wiederum wird durch Regen ausgewaschen und so dem Boden zugeführt, wo es schliesslich von Pflanzen aufgenommen werden kann.[53] Mit einem Anteil von rund 90% wird der grösste Teil des natürlich gebundenen Luftstickstoffs jedoch nicht durch Blitze, sondern durch Mikroorganismen erzeugt.[54] Diese kommen im Boden sowohl frei lebend als auch in Symbiose mit Pflanzen vor. Im letzteren Fall wird von „Knöllchenbakterien“ gesprochen, die sich in den Wurzeln von Leguminosen ansiedeln und von deren Kohlehydraten versorgt werden. Im Gegenzug kann die Wirtspflanze praktisch ihren gesamten Stickstoffbedarf über die Mikroorganismen decken.[55]

Liegt Stickstoff erst einmal in gebundener Form vor, besteht grundsätzlich die Möglichkeit, dass er von den verschiedenen pflanzlichen und tierischen Organismen genutzt wird. Die Wege, welche die Moleküle in der Natur dabei durchlaufen, bilden einen Zyklus, der als

[52] Smil, Weltbevölkerung: 39.
[53] Scheffer, Pflanze: 129.
[54] Trott, Stickstoff: 6.
[55] Scheffer, Boden: 75.

„Stickstoffkreislauf“ bezeichnet wird. In Abbildung 1 ist ein vereinfachtes Schema dieses Kreislaufs dargestellt.[56]

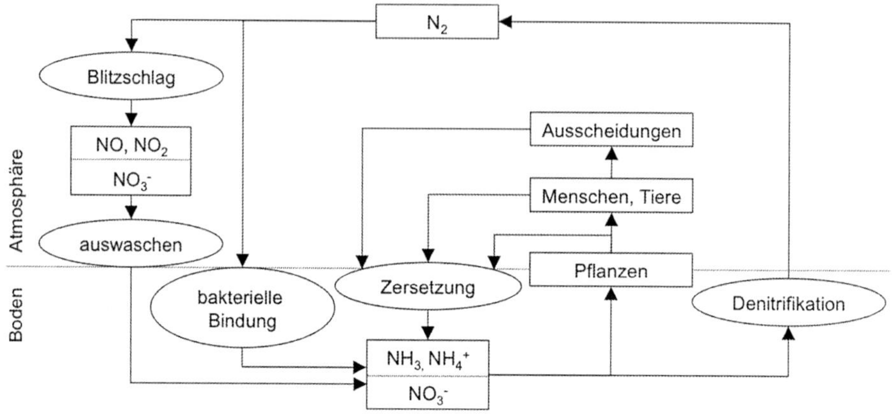

Abb. 1: Vereinfachtes Schema des natürlichen Stickstoffkreislaufs

2.1.3 Stickstoffzufuhr in der Landwirtschaft: Der natürliche Stickstoffkreislauf wird erweitert

Der Stickstoffkreislauf stellt zweifellos einen der wichtigsten Prozesse und Nährstoffkreisläufe der terrestrischen und aquatischen Ökosysteme dar.[57] Dass auch der Mensch von diesen Prozessen abhängig ist, lässt sich zum einen dadurch erklären, dass er selber Bestandteil des Stickstoffkreislaufs ist und ohne ihn nicht existieren könnte. Die Abhängigkeit besteht bis zu einem gewissen Grad aber auch in einem einschränkenden Sinne. So hat die natürliche Stickstoffversorgung im Erdreich, und damit dessen Nutzung zu landwirtschaftlichen Zwecken, ihre Grenzen, die ohne ein Eingreifen in den Kreislauf nicht überschritten werden können. Tatsächlich besteht ein grundsätzliches Dilemma des landwirtschaftlichen Ackerbaus darin, dass dem Boden durch die Entnahme von Pflanzenmaterial Nährstoffe entzogen werden, was ab einer gewissen Intensität der Nutzung und

---

[56] Die Abbildung stammt vom Verfasser der vorliegenden Arbeit. Für eine detailliertere graphische Darstellung des Stickstoffkreislaufs, siehe Smil, Nitrogen: 127.
[57] Trott, Stickstoff: 7.

ohne gleichwertige Kompensation zu einer Verminderung der Fruchtbarkeit und schliesslich zu einer Verarmung der Felder führt.

Unter den Pflanzennährstoffen stellt Stickstoff für das Wachstum – wie gezeigt wurde – zwar eine voraussetzende, nicht jedoch eine hinreichende Bedingung dar. Vielmehr ist auch die Verfügbarkeit von Verbindungen der Elemente Kohlenstoff, Wasserstoff, Sauerstoff, Schwefel, Phosphor, Kalium, Calcium, Mangan, Magnesium, Eisen, Kupfer, Zink, Molybdän, Chlor und Natrium erforderlich.[58] Da die meisten von ihnen nur in sehr geringen Mengen benötigt werden und in den Böden zudem reichlicher verfügbar sind, kann der Kreis der in der Landwirtschaft bedeutsamsten Nährstoffe um die Kalium-, Phosphor- und Stickstoffverbindungen gezogen werden. Sie sind es, an denen es bei der Nutzung des Bodens am ehesten mangelt.[59] Da es sich dabei um unterschiedliche Elemente, bzw. deren Verbindungen handelt, die in der Bildung der Bausteine der Pflanzen für jeweils ganz spezifische Zwecke erforderlich sind, kann der Mangel des einen Grundstoffs nicht durch den Überfluss eines anderen ausgeglichen werden. Das Wachstum einer Pflanze wird folglich in erster Linie durch denjenigen Nährstoff begrenzt, an welchem es ihr am meisten mangelt. Dieses Prinzip wurde grundsätzlich bereits im 19. Jahrhundert erkannt und durch Justus von Liebig als „Gesetz des Minimums" weltbekannt.[60]

Neben den mineralischen Nährstoffen wirken sich aber auch diverse andere Faktoren massgeblich auf die landwirtschaftlichen Erträge aus. So etwa das Wetter (Temperaturen, Sonnenstrahlung, Niederschlag, etc.), Krankheiten, Bodeneigenschaften, Grad (Intensität) und Art (z.B. Fruchtfolge) der Bodenbearbeitung bzw. die Verfügbarkeit über Arbeitskräfte und technische Mittel, Art und Qualität des Saatguts und anderes mehr.[61] Für den weiteren Verlauf der Untersuchungen kann daher als zentrale Erkenntnis mitgenommen werden, dass ein Mangel an Stickstoffverbindungen in der Landwirtschaft zwar sehr wohl geringere Erträge nach sich zieht, dass aber umgekehrt alleine aufgrund geringer Bodenerträge nicht auf einen Stickstoffmangel geschlossen werden kann.

---

[58] Bickel u.a., Natura: 82-83.
[59] Achilles, Agrargeschichte: 235.
[60] Bickel u.a., Natura: 83.
[61] Werner, Liebig: 14-15.

2.1.3.1 Stickstoffkompensation in den alten Agrargesellschaften Mitteleuropas

Dass Kulturland durch seine Nutzung verarmen kann, wurde empirisch schon sehr früh festgestellt. Mit Ackerbauformen wie dem Wanderfeldbau, bei welchem die Felder nach ein paar Jahren aufgegeben und neues Land bebaut wurde, versuchte man diesem Problem zwar auszuweichen, gelöst wurde es dadurch allerdings nicht.[62] Da es zu weit führen würde, an dieser Stelle auf die zahllosen unterschiedlichen Bodennutzungssysteme und deren historische Entwicklung einzugehen, soll im Folgenden lediglich am Beispiel des Anbausystems der Dreizelgenwirtschaft aufgezeigt werden, wie in den alten Agrargesellschaften der Stickstoffbedarf für den Ackerbau zu kompensieren versucht wurde.[63]

Eine wichtige Zufuhr an gebundenem Stickstoff bestand bei diesem Feldsystem in der aktiven Düngung mit Stallmist. Dessen Quantum konnte aber in der Regel kaum gesteigert werden, da die Düngermenge von der Grösse des Tierbestands abhängig war, die wiederum durch die Menge an Winterfutter begrenzt wurde. Die Gewinnung von Winterfutter konnte nicht erhöht werden, weil hierzu das Verhältnis zwischen Acker- und Grünland zu Gunsten des letzteren hätte verändert werden müssen, was aus rechtlichen Gründen oder aus Angst vor Ertragseinbussen in vielen Gebieten unmöglich war.[64] Als Dünger wurde nebst tierischen und menschlichen Ausscheidungen auch sonstiges organisches Material verwendet, darunter Kompost, Tang, Wolle, Kadaverdünger (z.B. Horn-, Blut-, und Knochenmehl) oder Torf, das ebenfalls Stickstoff enthielt.[65]

In den meisten Fällen reichte die Menge des verfügbaren Düngers allerdings bei weitem nicht aus, um die Äcker ausreichend mit Nährstoffen zu versorgen. Dies war auch der Grund, weshalb das Prinzip der Brache angewandt werden musste. In der klassischen Dreizelgenwirtschaft wurde mit der Brachzelge jeweils ein Drittel des Ackerlands für ein Jahr ungenutzt belassen. Durch Zersetzung des im Boden

[62] Trott, Stickstoff: 18.

[63] Für eine Typologie der verschiedenen Feldsysteme siehe Becker, Agrargeographie: 45-96.

[64] Pfister, Thut, Umgang: 9-11.

[65] Hansen, Guano: 168-175.

enthaltenen, organischen und mineralischen Materials konnte der Nährstoffgehalt des Bodens in dieser Zeit bis zu einem gewissen Grad erhöht werden.[66] Mit Hilfe von Brache und Düngung wurden die Erträge aus dem Ackerbau in der Regel zwar stabilisiert. Die Verfügbarkeit an Nährstoffen, wie etwa an gebundenem Stickstoff, blieb dabei dennoch kritisch. So zeigt Pfister am Beispiel des Kantons Bern etwa auf, dass die Stabilisierung der Erträge aufgrund der bescheidenen und kaum zu erhöhenden Düngermengen meist auf einem tiefen Ertragsniveau erfolgte. Diese „Düngerlücke" habe zu einer regelrechten „Wachstumsblockade" geführt. Pfister kommt daher zum Schluss: „Die alten Agrargesellschaften hatten mit dem Nullwachstum der Produktivität zu leben."[67]

2.1.3.2 Industrialisierung der Landwirtschaft und Anwendung von Handelsdünger

Ab dem 18. Jahrhundert führte ein starkes Bevölkerungswachstum dazu, dass die Zahl der Menschen, die selber über keinerlei agrarische Eigenproduktion verfügten und daher zusätzlich versorgt werden mussten, bisher unbekannte Höhen annahm.[68] In Deutschland verdoppelte sich die Bevölkerung zwischen 1740 und 1840 von 16 auf 31 Millionen.[69] Mit einem „Nullwachstum der Produktivität" hätten diese Menschenmassen nicht ernährt werden können. Die Antwort auf die Frage, weshalb eine derartige Entwicklung dennoch möglich war, findet sich im Prozess der Agrarmodernisierung[70], der die landwirtschaftlichen Erträge seit dem 18. Jahrhundert stark steigen liess.[71] An dieser Stelle soll darauf verzichtet werden, näher auf die Agrarreformen des 18. und 19. Jahrhunderts einzugehen. Festgehalten werden kann jedoch, dass in deren Rahmen die Allmendweide, der allgemeine Weid-

[66] Trott, Stickstoff: 18.
[67] Pfister, Strom: 173.
[68] Mooser, Einführung: 16.
[69] Mooser, Einführung: 17.
[70] Pfister, Strom: 176.
[71] Mooser, Einführung: 17.

gang sowie der Flurzwang vielerorts in einem langwierigen Prozess schrittweise abgeschafft werden konnten.[72]

Diese teilweise Befreiung des Landwirts von gemeinschaftlichen Zwängen ermöglichte erst, dass die oben beschriebene, negative Rückkoppelung[73], die zur „Düngerlücke" und damit zu einem Nullwachstum der Produktivität geführt hatte, durchbrochen werden konnte. Brachen und Weideflächen durften neu mit Futterkräutern, wie etwa Klee, bebaut werden. Da es sich bei Klee, der vom nun zahlreicheren Vieh verzehrt wurde, um eine Leguminose handelt, wurde so auf natürlichem Wege Stickstoff gebunden, der später wieder ausgeschieden wurde und dem Ackerland schliesslich in Form von Mist als Dünger zugute kam.[74] Nebst dem Kleebau trugen aber auch andere agrartechnische Innovationen, wie etwa Jauchegruben oder die Sommer-Stallfütterung, zur Schliessung der Düngerlücke und zu einer Zunahme der Erträge bei.[75] Entsprechend nahm die Verbreitung der Dreizelgenwirtschaft vielerorts stark ab. Ersetzt wurde sie durch neue Nutzungssysteme, wie etwa die Fruchtwechselwirtschaft, für die – nebst dem Wegfall der Brache – insbesondere die abwechselnde Bebauung des Bodens mit Halm- und Blattfrüchten charakteristisch war.[76] Zusätzlich zur Steigerung der Flächenerträge wurde aber auch die nutzbare Fläche selber durch Meliorationen vergrössert. In einigen deutschen Gebieten konnte die Agrarproduktion im 19. Jahrhundert dank der Reformen weit mehr als verdoppelt werden.[77]

Da nach wie vor fast der gesamte für den Ackerbau benötigte Dünger auf derselben verfügbaren landwirtschaftlichen Nutzfläche gewonnen werden musste, konnte selbst mit der Fruchtwechselwirtschaft ein gewisses Ertragsniveau nicht überschritten werden.[78] Dies gelang erst mit Hilfe der Agrikulturchemie und dem Beizug hoffremder Hilfsstoffe[79] wie dem Handelsdünger.[80] Obwohl diese Entwick-

---

[72] Pfister, Strom: 180.
[73] Zum Begriff der „negativen Rückkoppelung" siehe Vester, Kunst: 155-156.
[74] Gudermann, Take-off: 73.
[75] Pfister, Strom: 192-193.
[76] Becker, Agrargeographie: 62.
[77] Gudermann, Take-off: 74.
[78] Achilles, Agrargeschichte: 234.
[79] Pfister, Strom: 222-223.
[80] Gudermann, Take-off: 75.

lung auch diversen anderen Faktoren, wie etwa der zunehmenden Mechanisierung zuzuschreiben ist, wäre eine Intensivierung in dem Masse, in welchem sie um die Jahrhundertwende stattgefunden hat, ohne zusätzliche Mineraldüngung kaum möglich gewesen.[81]

Während Phosphor- und Kalidünger in Europa selbst abgebaut werden konnten, fanden sich für Stickstoffverbindungen auf dem Kontinent keine entsprechenden Vorkommen. Da in Übersee jedoch ausbeutbare Lagerstätten vorhanden waren, wurde auf diese zurückgegriffen. So lassen sich ab 1830 etwa Einfuhren von Chilesalpeter nach Deutschland verzeichnen.[82] Wie der Name schon sagt, stammte dieser Salpeter aus Chile in Südamerika, wo er aus Jahrmillionen alten, mineralischen Ablagerungen in den Wüstenregionen gewonnen wurde.[83] Chemisch betrachtet handelt es sich bei Chilesalpeter um Natriumnitrat, also um eine anorganische Substanz, die direkt als Stickstoffdünger ausgestreut werden konnte.[84] Ein weiterer hoffremder Stickstoffdünger war der ab 1843 nach Deutschland eingeführte, sogenannte Guano. Auch er stammte hauptsächlich aus Südamerika und wurde durch den Abbau von Vogelkotlagern gewonnen. Im Gegensatz zu Chilesalpeter handelte es sich bei Guano also um einen organischen Dünger.[85]

Zu den beiden oben genannten, im Tagebau abbaubaren Stickstoffdüngern kam mit Ammoniumsulfat noch eine industriell gewonnene Substanz dazu. Sie wurde im 19. und anfangs des 20. Jahrhunderts aus Stein- oder Braunkohle hergestellt, die aufgrund ihrer ursprünglichen Entstehung aus organischem Material zwischen 0.4 und 2.5% Stickstoff enthält.[86] Dieser Bestandteil wurde der Kohle in Kokereien und Gasanstalten durch Erhitzen unter Luftabschluss entzogen, wobei er in Form von Ammoniakwasser anfiel. Die Flüssigkeit wurde anfänglich als lästiges Nebenprodukt betrachtet, bis man sie mit Schwefelsäure zu sättigen begann, wodurch sich Ammoniumsulfat

---

[81] Huegel, Kriegsernährungswirtschaft: 35-36.
[82] Hansen, Guano: 167.
[83] Smil, Earth: 43-48.
[84] Balz, Hamacher, Stickstoffdüngemittel: 46.
[85] Hansen, Guano: 169-170.
[86] Smil, Earth: 48.

bildete.[87] Dieses weisse, grobkristalline und gut streubare Salz bewährte sich in der Folge als hervorragender Stickstoffdünger.[88]

2.2 Vom „Wheat Problem“ zur „Stickstofffrage“

2.2.1 Angst vor dem Ende „immerwährender Prosperität“ im 19. Jahrhundert?

Wie oben gezeigt wurde, war ab einem gewissen Ertragsniveau und ohne Erschliessung neuer Ackerflächen auch das Wachstum einer reformierten Landwirtschaft wegen des Dilemmas des Acker-Grünland-Verhältnisses beschränkt.[89] Ackerflächen konnten nicht mehr weiter ausgedehnt werden, da ansonsten Grünland hätte umgenutzt werden müssen, was wiederum zu verminderter Düngerproduktion und Ertragseinbussen geführt hätte. Wollte man die Intensivierung der Landwirtschaft über diese Wachstumsgrenze hinaus erhöhen, musste die Verknüpfung zwischen Düngermenge und Grünfläche durchbrochen oder zumindest gelockert werden. Die Lösung bestand in der Zufuhr hoffremder, besonders stickstoffhaltiger Düngemittel. Wie gesehen, standen dazu primär Guano, Chilesalpeter und Ammoniumsulfat zur Verfügung. Indessen nahm die Weltbevölkerung weiterhin ungebremst zu. Alleine in Deutschland wuchs die Bevölkerungszahl, die im Jahr 1740 noch bei 16[90] und 1840 bei 31[91] Millionen gelegen hatte, bis 1900 auf über 56[92] Millionen an. Die Menge an landwirtschaftlicher Nutzfläche war grundsätzlich beschränkt, und nicht nur in Deutschland tauchten die ersten Fragen nach der Stabilität und der Ausbaufähigkeit der Grundlagen dieses starken Wachstums auf.

Die diesbezüglich grösste internationale Aufmerksamkeit erzielte der englische Physiker und Chemiker Sir William Crookes mit ei-

[87] Schmidt, Chemie: 332.
[88] Balz, Hamacher, Stickstoffdüngemittel: 37.
[89] Achilles, Agrargeschichte: 174.
[90] Mooser, Einführung: 17.
[91] Mooser, Einführung: 17.
[92] Kaiserliches Statistisches Amt (Hg.), Jahrbuch 1915: 3.

nem im September 1898 vor der „British Association“ in Bristol gehaltenen Vortrag mit dem Titel „The Wheat Problem“. Darin warnte er, dass aufgrund der beschränkten landwirtschaftlichen Nutzfläche und weiter steigenden Bevölkerungszahlen eine Knappheit an Weizen auftreten würde.[93] Die einzige Möglichkeit, eine Hungersnot zu umgehen, bestand gemäss Crookes darin, die Flächenerträge in der Landwirtschaft entsprechend zu steigern. Dies könne wiederum nur durch „a moderate dressing of chemical manure“, also chemische Düngung, erzielt werden.[94] Obwohl sich Crookes der Bedeutung von Phosphor und Kalium für das Pflanzenwachstum bewusst war und dies in seinen Publikationen auch erwähnte, bestand für ihn dennoch kein Zweifel, dass für die Vermeidung einer Hungersnot letztlich der Faktor Stickstoff entscheidend war: „Wheat pre-eminently demands nitrogen, fixed in the form of ammonia or nitric acid. All other necessary constituents exist in the soil.“[95] Beim „Weizenproblem“ handelte es sich also sozusagen um ein „Stickstoffproblem“. Das grösste Aufsehen erregte Crookes jedoch mit der Aussage, dass die Chilesalpeterbestände als weltweit wichtigste hoffremde Stickstoffquelle schon bald erschöpft sein würden. Konkret meinte er, dass bei einer konstanten Förderung auf dem damaligen Niveau noch rund 20 bis 30 Jahre lang Salpeter hätte abgebaut werden können, je nach Situation und Abbaurate aber auch bedeutend weniger.[96]

Crookes war weder der Einzige noch der Erste, der derartiges prophezeite, doch gehörten seine Voraussagen zu den pessimistischsten. Andere Exponenten wie etwa Franzisco Valdes Vergara gingen immerhin davon aus, dass die Salpeterversorgung bis 1923 gesichert sei.[97] Dennoch wirkten sich Crookes Äusserungen eindeutig am stärksten auf die internationale Debatte aus, die insbesondere im deutschsprachigen Raum nicht als „Weizenproblem“, sondern unter dem Begriff der „Stickstofffrage“ bekannt war. Eine Definition für diesen deutschen Begriff lieferte beispielsweise Grossmann: „Unter der ‚Stickstoffrage‘ im engeren Sinne versteht man die Frage nach der

[93] Crookes, Wheat: v-vi.
[94] Crookes, Wheat: vi.
[95] Crookes, Wheat: 36.
[96] Crookes, Wheat: 43.
[97] Huber, Stickstoff-Frage: 35.

voraussichtlichen Dauer der Salpeterläger."[98] Er wusste auch zu berichten, dass die Kunde der sich nahenden Erschöpfung der Lagerstätten „in landwirtschaftlichen und industriellen Kreisen starke Beunruhigung hervorbrachte" und daher auch zu einer „grossen Zahl von Versuchen" führte, „die Welt vor der unmittelbar drohenden Salpeternot zu schützen."[99] Ebenfalls in diesem Sinne lautete die Definition von Wilhelm Rabius: „Bei der Stickstoffrage handelt es sich [...] in erster Linie darum, der Landwirtschaft ein brauchbares, dem Salpeter gleichwertiges Stickstoffdüngemittel zu geben."[100]

2.2.2 *Technische vs. ökonomische Lösung der „Stickstofffrage" vor Ausbruch des Ersten Weltkriegs*

2.2.2.1 *Industrielle Fixierung des Luftstickstoffs durch elektrische Entladung*

Darüber, wie die „Stickstofffrage" zu lösen sei, war man sich im Grundsatz stets einig: Es musste gelingen, die unerschöpflichen Stickstoffvorräte der Luft für den Menschen nutzbar zu machen. Das Ziel war es also, die chemische Bindung elementaren Stickstoffs in industriellem Massstab zu vollziehen. Und das natürlich möglichst kostengünstig.

In der vorliegenden Arbeit wurde bereits darauf verwiesen, dass im natürlichen Stickstoffkreislauf ein Teil der Fixierung über elektrische Entladungen in der Atmosphäre erfolgt. Lange vor Crookes Vortrag wurde dieses Prinzip im Labor zu imitieren versucht. Als Erstem gelang die Darstellung von Stickoxyd durch elektrische Funken dem Engländer Priestley im Jahr 1775.[101] Eine rentable Produktion konnte jedoch erst ab 1907 mit dem Lichtbogenverfahren nach Birkeland und Eyde sowie dank ausserordentlich günstiger norwegischer Wasserkraft aufrechterhalten werden.[102] Dabei wurde das gewonnene Stickoxyd

[98] Grossmann, Stickstofffrage: 7.
[99] Grossmann, Stickstofffrage: 7.
[100] Rabius, Betrachtungen: 38.
[101] Smil, Earth: 53.
[102] Ost, Lehrbuch: 167-168.

mit Kalk zur Reaktion gebracht, wodurch Calciumnitrat entstand, das unter der Bezeichnung Kalk- oder Norgesalpeter auch als Dünger diente.

Das grundlegende Problem dieses Verfahrens bestand im exorbitanten Energieverbrauch, der zur Erzeugung des Lichtbogens erforderlich war. Je nach Entwicklungsstand und Quelle verschlangen die Anlagen pro Kilogramm gebundenen Stickstoffs zwischen 66[103] und 79[104] Kilowattstunden (kWh) Energie. Die dadurch bedingte, starke Abhängigkeit von billiger Elektrizität führte dazu, dass das Verfahren hauptsächlich in Norwegen und Schweden sowie an einigen wenigen anderen Standorten, wie den italienischen und schweizerischen Alpen, angewandt wurde.[105] Aus wirtschaftlicher Sicht konnte die „Stickstoff-frage" daher auch durch das Birkeland-Eyde-Verfahren nicht gelöst werden.

Aber auch aus rein technischer Sicht schien das Problem auf diese Weise *nicht* lösbar zu sein. So wurde etwa bezweifelt, ob genügend Elektrizität zur Verfügung gestanden hätte, um den Chilesalpeter durch Norgesalpeter zu ersetzen. Rabius errechnete 1907 beispielsweise, dass alleine die Deckung des deutschen Salpeterbedarfs nach dem Birkeland-Eyde-Verfahren 800'000-900'000 Pferdestärken (PS) (entspricht 588'400-661'950 Kilowatt [kW][106]) an elektrischer Energie erfordert hätte. Dieser Zahl stellte er eine Schätzung über die in den bayrischen Alpen theoretisch noch nutzbaren Wasserkräfte gegenüber, die mit 500'000 PS (367'750 kW) selbst bei vollständiger Erschliessung und ausschliesslicher Verwendung für die Stickstoffgewinnung nicht ausgereicht hätten.[107]

[103] Gemäss einem Schreiben der Säure-Abteilung der BASF an einen Direktor Michel vom 27. April 1915 (BASF T 14 1) wurden pro Kilowattjahr 133 kg Stickstoff gebunden. Umgerechnet erforderte die Fixierung eines Kilogramms Stickstoff also 65.86 kWh.

[104] Gemäss Huber, Stickstoff-Frage: 92-93, wurden pro Kilowattjahr 111 bis 122 kg Stickstoff gebunden. Umgerechnet erforderte die Fixierung eines Kilogramms Stickstoff also 71.8 bis 78.9 kWh.

[105] Bueb, Warmbold, Ausführungen: 145.

[106] Umrechnungstabelle in Verein (Hg.), Formeln: 167.

[107] Rabius, Betrachtungen: 40-41.

2.2.2.2 *Nutzbarmachung des Luftstickstoffs durch Azotierung*[108] *von Calciumcarbid*

Nebst dem oben erläuterten Lichtbogenverfahren war auch das sogenannte Kalkstickstoffverfahren von Bedeutung. Um elementaren Stickstoff binden zu können, musste zuerst Calciumcarbid hergestellt werden, was durch Verschmelzen von Koks und gebranntem Kalk in elektrischen Öfen erfolgte. Fein gemahlen, hatte das so gewonnene Carbid die Eigenschaft, mit elementarem Stickstoff chemisch zu reagieren. Erforderlich war dazu lediglich eine Initialzündung von rund 1100°C. Anschliessend lief die Reaktion exotherm, also unter Abgabe von Wärme, selbständig ab.[109] Das so entstandene Calciumcyanamid ist primär unter der technischen Bezeichnung „Kalkstickstoff" bekannt und konnte entweder direkt als landwirtschaftlicher Dünger verwendet oder aber mit Wasserdampf und unter Druck zu Ammoniak umgesetzt werden.

Entwickelt wurde dieses Verfahren von den beiden Chemikern Adolf Frank und Nikodemus Caro. Es wird daher oft auch „Frank-Caro-Verfahren" genannt. Nachdem in Berlin eine kleine Versuchsanlage aufgebaut worden war, erfolgte die Aufnahme der ersten industriellen Produktion im Jahr 1905 im italienischen Piano d'Orta.[110] In Deutschland wurden bis zum Ausbruch des Ersten Weltkriegs in Trostberg, Mühltal, Westeregeln, Knapsack und Gross-Kayna solche Werke errichtet.[111] Obwohl sich die Handhabung des Kalkstickstoffs als Dünger im Vergleich zu Ammoniumnitrat, Norge- oder Chilesalpeter schwieriger gestaltete, nahmen seine Produktionsziffern schon bald ansehnliche Höhen an. So geht Smil etwa davon aus, dass im Jahr 1913 weltweit bereits 30'000 t Stickstoff in Form von Calciumcyanamid fixiert wurden, während das Lichtbogenverfahren nur für die Bindung von 10'000 t Verwendung fand.[112] Dieser Vorsprung lässt sich in erster Linie damit erklären, dass das Kalkstickstoffverfahren wesentlich ökonomischer war. Je nach Entwicklungsstand und historischer

---

[108] „Azotieren" bedeutet „Stickstoff in eine chemische Verbindung ein[zu]führen." (Wermke u.a. (Hgg.), Fremdwörterbuch: 115.)
[109] Schmidt, Chemie: 22.
[110] Rabius, Betrachtungen: 23.
[111] Janke, Geschichte: 50-52.
[112] Smil, Earth: 240.

Quelle erforderte es pro Kilogramm gebundenen Stickstoffs zwischen 16[113] und 29[114] kWh an elektrischer Energie. Im Vergleich zum Lichtbogenverfahren kann also eine Verringerung des Stromverbrauchs um den Faktor drei bis fünf festgestellt werden. Es wäre nun aber falsch, die Höhe dieser Einsparungen mit dem Mass der Verbesserung der Energieeffizienz gleichzusetzen. Im Gegensatz zum Birkeland-Eyde-Verfahren erfordert das Prinzip der Kalkstickstoffgewinnung nebst elektrischer Energie nämlich auch Koks. Wird dessen Energiewert mit in die Berechnungen einbezogen, lässt sich für das Frank-Caro-Verfahren pro Kilogramm gebundenen Stickstoffs ein Energieverbrauch zwischen 36 und 56 kWh ermitteln.[115] Verglichen mit den 66 bis 79 kWh des Lichtbogenverfahrens kann anstelle der genannten Verringerung um den Faktor drei bis fünf also höchstens von einer Energieeinsparung zwischen 15 und 54% gesprochen werden.

Was die Wirtschaftlichkeit der Frank-Caro-Methode im Vergleich zum Lichtbogenverfahren betrifft, können genaue Aussagen natürlich nur dann gemacht werden, wenn die Koks- und Strompreise vor Ort jeweils in die Berechnungen mit einbezogen werden. Gemäss Waeser hat jedoch selbst ein mit billiger ausländischer Energie mittels Lichtbogen gebundenes Kilogramm Stickstoff um 1913/14 gegen 0.71 Mark gekostet, während das Kilogramm Stickstoff in Form von Kalkstickstoff mit 0.51 Mark nach wie vor billiger war.[116] Noch deutlicher wird der Vorteil des Kalkstickstoffverfahrens, wenn man berücksichtigt, dass sich die obenstehenden Berechnungen im Falle des Birkeland-Eyde-Verfahrens auf Salpetersäure beziehen, die vor einer landwirtschaftlichen Verwendung erst noch auf Norgesalpeter hätte umgearbeitet werden müssen. Beachtet man zudem, dass in Ländern wie Deutschland die Einheit Energie in Koks wesentlich günstiger war

[113] Gemäss Huber, Stickstoff-Frage: 93, konnten mit einem Kilowattjahr Strom 500 bis 560 kg Stickstoff gebunden werden. Umgerechnet erforderte die Bindung eines Kilogramms Stickstoff also 15.64 bis 17.52 kWh an elektrischer Energie.

[114] Gemäss einem Schreiben der Säure-Abteilung der BASF an einen Direktor Michel vom 27. April 1915 (BASF T 14 1) wurden pro Kilowattjahr Strom 300 bis 500 kg Stickstoff gebunden. Umgerechnet erforderte die Bindung eines Kilogramms Stickstoff also 17.52 bis 29.2 kWh an elektrischer Energie.

[115] Gemäss Smil, Earth: 52, erforderte der Frank-Caro-Prozess pro Tonne gebundenen Stickstoffs rund 130 bis 200 Gigajoules. Umgerechnet erforderte die Bindung eines Kilogramms Stickstoff also zwischen 36.1 und 55.5 kWh Energie.

[116] Waeser, Luftstickstoff-Industrie, 1. Auflage: 35, 51.

als in elektrischer Form, wird deutlich, dass das Kalkstickstoffverfahren in jedem Fall bedeutend ökonomischer war.

Ob die „Stickstofffrage" mit der Produktion nach Frank-Caro bereits hätte gelöst werden können, bleibt selbst in Schriften kritischer Experten, wie Wilhelm Rabius, grundsätzlich offen. Wendet man dessen auf das Lichtbogenverfahren bezogene, negative Argumentation jedoch auf das Kalkstickstoffverfahren an, so kann durchaus zumindest von einer *technischen* Lösung gesprochen werden. Stützen lässt sich diese These damit, dass sich das Kalkstickstoffverfahren schon wenige Jahre nach dem Erscheinen von Rabius Publikation in der Praxis bewährte und weltweit in grossindustriellem Massstab umgesetzt wurde. Zudem setzte eine technische Lösung der „Stickstofffrage" ja keineswegs den sofortigen und vollständigen Ersatz des gesamten Verbrauchs an Chilesalpeter alleine durch Calciumcyanamid voraus, wurde doch ein beachtlicher Teil des Stickstoffbedarfs bereits durch den Ammoniakausstoss der Kokereien und Gaswerke gedeckt. Da auch eine Erschöpfung der Kohlebestände in absehbarer Zeit nicht erwartet wurde und mit einer Abnahme der Förderung von Chilesalpeter selbst im schlimmsten Fall lediglich schrittweise zu rechnen war, konnte die „Stickstofffrage" mit der Realisierung eines rentablen, grossindustriellen Verfahrens zur Fixierung des Luftstickstoffs also durchaus als technisch gelöst gelten.[117]

Alleine von der damit gegebenen *technischen* lässt sich aber noch lange keine *ökonomische* Machbarkeit ableiten. Selbst die Tatsache, dass ein überwiegender Grossteil der Kalkstickstoffindustrie rentabel produzierte, sagt noch nichts über die potentielle volkswirtschaftliche Tragbarkeit des Ersatzes eines Grossteils des Chilesalpeters durch Kalkstickstoff und Ammoniumsulfat aus. Nur die Praxis hätte zeigen können, ob eine vollständige Kompensation des Chilesalpeters durch die bisher genannten Verfahren auch wirtschaftlich verkraftbar gewesen wäre. Ein solcher Beweis konnte aber hauptsächlich aus zwei Gründen nie erbracht werden: *Erstens* erwiesen sich die Vorräte an Chilesalpeter Ende des ersten Jahrzehnts des 20. Jahrhunderts als bedeutend umfangreicher als bisher angenommen und Crookes Prophezeiungen damit als falsch.[118] *Zweitens* wurde kurz vor Ausbruch des

---

[117] Grossmann, Stickstofffrage: 62.
[118] Grossmann, Stickstofffrage: 9-10, 13.

Ersten Weltkriegs ein weiteres, völlig neuartiges Verfahren zur Bindung des Stickstoffs der Luft entwickelt, dessen vorteilhafte Energiebilanz die anderen Systeme schon bald übertreffen sollte.

2.2.2.3 Das Hochdruckverfahren nach Haber-Bosch

Das katalytische Ammoniakverfahren – auch Hochdruck- oder Haber-Bosch-Verfahren genannt – stellt das heutzutage wohl bekannteste Prinzip industrieller Stickstoffbindung dar. Verglichen mit der Entwicklung der bisher genannten Systeme, gelang seine Verwirklichung relativ spät. Erst im Jahr 1909 konnte Fritz Haber[119], zum ersten Mal überhaupt, eine Apparatur mit einer Kapazität von rund 80 Gramm Ammoniak pro Stunde vorstellen.[120] Von einer industriellen Umsetzung war die BASF, in deren Besoldung Haber stand, damals aber noch weit entfernt.[121]

Tatsächlich gestaltete sich die Realisierung der Ammoniaksynthese schwieriger, als ihr theoretisches chemisches Prinzip auf den ersten Blick hätte vermuten lassen. Im krassen Gegensatz zum Kalkstickstoffverfahren, bei welchem zahlreiche komplizierte Prozesse durchlaufen werden müssen, basiert das Verfahren nach Haber auf der – scheinbar simplen – chemischen Reaktion von drei Teilen Wasserstoff (3 H_2) mit einem Teil Stickstoff (N_2) zu Ammoniak (2 NH_3).[122] Abgesehen davon, dass zuerst eine entsprechende Synthesegas-Mischung erzeugt werden muss, kommen dabei also keinerlei Zwischenprodukte vor. Wie bereits erwähnt wurde, handelt es sich bei Stickstoff um ein ausserordentlich reaktionsträges Gas, weshalb eine Verbindung mit Wasserstoff nur mit einem Katalysator und unter hohen Temperaturen herbeigeführt werden konnte. Dies war jedoch daher problematisch, weil die hohen Temperaturen zugleich auch zu einer rascheren Zersetzung des gebildeten Ammoniaks führten, was im chemischen Gleichgewicht zwischen Synthesegas und Ammoniak eine

---

[119] 1868-1934, Chemiker, Nobelpreis 1918. Siehe Storz, Haber: 540.
[120] Szöllösi-Janze, Haber: 180.
[121] Johnson, Macht: 159.
[122] Haber, Vorträge: 23.

Verminderung des Anteils des letzteren zur Folge hatte.[123] Haber gelang es jedoch, diese Schwierigkeiten unter Anwendung von Drücken in der Höhe von rund 200 bar, Katalysatoren wie Osmium und Uran sowie Temperaturen von 500-600 °C zu überwinden.[124]

Nach der erfolgreichen Verwirklichung der Ammoniaksynthese im Labor lag es schliesslich an Carl Bosch, sie in einen grossindustriellen Massstab überzuführen. Nachdem in den Jahren 1911 und 1912 weitere Versuchsanlagen gebaut und betrieben wurden, konnte die BASF im September 1913 – also rund zehn Monate vor Kriegsausbruch – in ihrem Werk in Ludwigshafen die weltweit erste kommerzielle Industrieanlage in Betrieb nehmen, die nach dem Hochdruckverfahren arbeitete.[125] Nachdem in den verbleibenden drei Monaten des Jahres 1913 eine rund 750 t Stickstoff entsprechende Menge Ammoniak produziert werden konnte, beschloss man, die Anlagen um den Faktor fünf zu erweitern.[126]

Über die Energieeffizienz der damaligen Anlagen sind keine konkreten Zahlen überliefert. Smil geht jedoch davon aus, dass zur Fixierung eines Kilogramms Stickstoff über 100 Megajoules (entspricht 27.7 kWh) erforderlich waren.[127] Verglichen mit dem Verbrauch von 36 bis 56 kWh der Kalkstickstoffindustrie oder den 66 bis 79 kWh, die ein Lichtbogen verschlang, wies das Haber-Bosch-Verfahren damit eindeutig die beste Energiebilanz auf. Preislich war dieser Vorteil anfänglich jedoch nur schwach spürbar: Die katalytische Fixierung eines Kilogramms Stickstoff war 1913/14 mit 0.37 bis 0.43 Mark nur wenig günstiger als das Kalkstickstoffverfahren, das auf 0.51 Mark kam.[128] Für 1917/18 (Kriegszeit) geht Waeser sogar davon aus, dass die Produktion nach Haber-Bosch und diejenige nach Frank-Caro pro Einheit gebundenen Stickstoffs in etwa gleich teuer waren.[129] Auch dabei ist jedoch zu beachten, dass Kalkstickstoff direkt als Dün-

---

[123] Schmidt, Chemie: 342.
[124] Haber, Vorträge: 18-19.
[125] Holdermann, Bann: 122.
[126] Waeser, Luftstickstoff-Industrie, 2. Auflage: 25.
[127] Smil, Earth: 129; Umrechnungstabelle in Verein (Hg.), Formeln: 167.
[128] Waeser, Luftstickstoff-Industrie, 1. Auflage: 35.
[129] Die Kosten der Fixierung eines Kilogramms Stickstoff werden beim Haber-Bosch-Verfahren sogar um drei Pfennig höher geschätzt als beim Frank-Caro-Verfahren. Siehe Waeser, Luftstickstoff-Industrie, 1. Auflage: 35.

gemittel angewandt werden konnte, während Ammoniak in der Regel zuerst auf Ammoniumsulfat umgearbeitet werden musste, was zu einer Erhöhung der Produktionskosten auf 0.59 Mark pro Kilogramm Stickstoff führte.[130] Pro Einheit gebundenen Stickstoffs gerechnet, war die Produktion von Stickstoffdünger nach Haber-Bosch vor Ausbruch des Ersten Weltkriegs also leicht teurer als nach Frank-Caro. Da Kalkstickstoff in der Anwendung als Stickstoffdünger gegenüber Ammoniumsulfat jedoch gewisse Nachteile aufwies und daher auch weniger beliebt war, sind die beiden Verfahren unmittelbar *vor* Kriegsausbruch im Endeffekt als gleichermassen wirtschaftlich zu bezeichnen.[131]

Ein anderes Bild zeigt sich, wenn die beiden Verfahren nicht im Zusammenhang mit der Produktion von Düngemittel, sondern im Hinblick auf die Erzeugung von Ammoniakgas betrachtet werden. In einem solchen Fall erwies sich umgekehrt das Haber-Bosch-Verfahren als das direktere, während Kalkstickstoff zuerst aufwändig auf Ammoniak umgearbeitet werden musste. Der kleine wirtschaftliche Vorsprung, den das Frank-Caro-Verfahren bei der Düngemittelproduktion aufwies, wurde also bei der Produktion des industriellen Zwischenprodukts Ammoniak zu einem eindeutigen Rückstand.

2.2.2.4 Der Stickstoffkreislauf vor Kriegsbeginn

Der bereits beschriebene, natürliche Stickstoffkreislauf wurde vor Ausbruch des Ersten Weltkriegs nicht nur dahingehend erweitert, dass der Mensch gewisse ursprüngliche, natürliche Prozesse, wie die bakterielle Stickstoffbindung, besonders auszunutzen und zu fördern verstand oder auf die räumliche Verteilung bzw. Konzentration von gebundenem Stickstoff Einfluss nahm.[132] Vornehmlich im Rahmen der

---

[130] Waeser, Luftstickstoff-Industrie, 1. Auflage: 35.

[131] Calciumcyanamid war wegen des beim Streuen entstehenden, ätzenden Staubes unbeliebt. Durch richtige Anwendung konnten jedoch die meisten negativen Eigenschaften vermindert oder gar eliminiert werden. Siehe auch Linter, Calciumcyanamid: 16-23.

[132] Einfluss auf Verteilung und Konzentration nahm der Mensch beispielsweise im Rahmen der Dreizelgenwirtschaft, indem er den durch das Vieh mit der Nahrungs-

Industrialisierung wurde der Stickstoffkreislauf auch durch *neue* Prozesse erweitert. In Abbildung 2 wird dieser erweiterte Stickstoffkreislauf vereinfacht dargestellt, wobei die durch menschliches Handeln neu geschaffenen Prozesse mit roter Farbe hervorgehoben sind. In erster Linie handelt es sich dabei um die industrielle Stickstoffbindung mittels Lichtbogen-, Kalkstickstoff- und katalytischem Verfahren. In zweiter Linie wird auf das Ammoniak der Kokereien und Gaswerke sowie auf die durch Verbrennung fossiler Energieträger freigesetzten Stickstoffverbindungen hingewiesen.

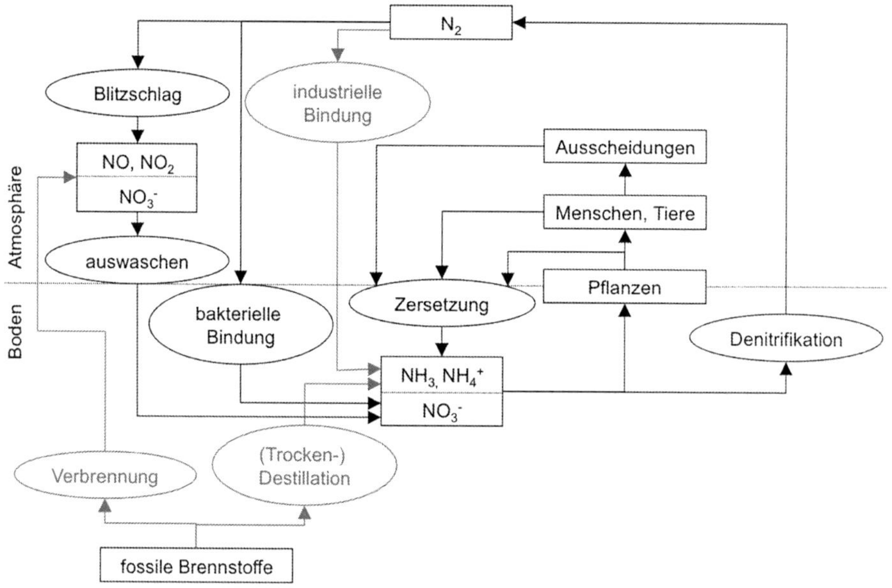

Abb. 2: Vereinfachtes Schema des erweiterten Stickstoffkreislaufs

aufnahme ausserhalb der Äcker aufgenommenen Stickstoff durch die Mistdüngung den Feldern zuführte. Aber auch der Abbau von Chilesalpeter oder Guano stellt letztlich eine „Umverteilung" ursprünglich natürlich gebundenen Stickstoffs dar.

3 Die Versorgung mit Stickstoffverbindungen als kriegswirtschaftliches Problem: Die deutsche „Stickstofffrage“

Wie im vorangehenden Kapitel gezeigt wurde, handelt es sich bei der klassischen „Stickstofffrage“ um das internationale Problem der Bereitstellung der für die Ernährung einer wachsenden Bevölkerung erforderlichen Mengen gebundenen Stickstoffs. Der in diesem Zusammenhang um die Wende vom 19. zum 20. Jahrhundert entbrannte Diskurs war primär akademischer Natur und wurde vor allem in technisch und wirtschaftlich interessierten Kreisen geführt.[133] Nebst dieser klassischen Bedeutung des Begriffs „Stickstofffrage“ wurde der Ausdruck in Deutschland auch zur Bezeichnung der Problematik der deutschen Stickstoffversorgung während des Ersten Weltkriegs verwendet.[134]

Wenn die beiden Bedeutungen des Begriffs auch unterschiedlich sind, so weisen sie dennoch die Gemeinsamkeit auf, dass es in beiden Fällen darum geht, einen Wegfall der Zufuhr an Chilesalpeter zu bewältigen. Wie noch zu zeigen sein wird, wurden daher sehr ähnliche Lösungsansätze entwickelt. Die deutsche „Stickstofffrage“ zur Zeit des Ersten Weltkriegs weist aber auch gewisse Eigenheiten auf, die sie klar von der klassischen internationalen „Stickstofffrage“ unterscheiden. So beschränkt sie sich nicht nur auf einen geographisch wesentlich kleineren Raum, sondern tritt aufgrund der Blockade durch die Alliierten in seiner Wirkung auch wesentlich schneller und absoluter auf. Zudem wird die Versorgung mit Stickstoffverbindungen im Kriegsfall durch einen zusätzlichen, in Friedenszeiten praktisch irrelevanten Faktor enorm verschlechtert, auf den im Folgenden näher eingegangen wird.

---

[133] Grossmann, Stickstofffrage: 5.

[134] Der Begriff „Stickstofffrage“ taucht während des Ersten Weltkriegs bereits 1914 in offiziellen Akten auf. So beispielsweise in BArch R 43 2466 a: 20.10.1914 – Protokoll der Sitzung im Ministerium für Landwirtschaft, Domänen und Forsten: 6.

3.1 Stickstoff als militärische Schlüsselressource

Schon lange bevor sich die Anwendung von Handelsdünger im 19. Jahrhundert in der Landwirtschaft durchzusetzen begann, war die Versorgung mit Salpeter in vielen Staaten von nationaler Bedeutung. Dies lag daran, dass die Stickstoffverbindung mit einem Anteil von rund 75% den wichtigsten Bestandteil des Schwarzpulvers darstellte, mit welchem u.a. die damaligen Feuerwaffen betrieben wurden.[135] Mit der Einführung neuer Explosivstoffe – wie Cellulosenitrat (Schiessbaumwolle) oder Glycerintrinitrat (Nitroglycerin) – begann die Bedeutung des Schwarzpulvers ab der zweiten Hälfte des 19. Jahrhunderts abzunehmen.[136] Dies brachte aber keineswegs eine Verminderung der militärischen Bedeutung von Stickstoffverbindungen mit sich. Im Gegenteil: Auch die Explosivstoffe, die vor Ausbruch des Ersten Weltkriegs für militärische Zwecke verwendet wurden, enthielten praktisch alle Stickstoffverbindungen oder bestanden sogar ausschliesslich daraus.[137]

Bei der Bezeichnung „Explosivstoffe" handelt es sich um einen Sammelbegriff für Sprengstoffe, Schiesspulver und Zündmittel. Als militärischer *Sprengstoff* wurde vor Kriegsbeginn u.a. Trinitrophenol (TNP) verwendet, das durch Nitrierung[138] von Phenol gewonnen wurde. Da diese Substanz im Vergleich zu anderen Sprengstoffen stossempfindlich war, wurde sie weitgehend durch Trinitrotoluol (TNT) ersetzt.[139] TNT war in seiner Brisanz nur wenig schwächer als TNP, dafür aber unempfindlich gegen mechanische Einflüsse, weshalb es sich als „hervorragender Kriegssprengstoff bewährt hat."[140] Hergestellt wurde die Substanz ebenfalls durch Nitrierung, diesmal allerdings von Toluol. Mit Ammoniumnitrat stand vor Kriegsbeginn ein weiterer mo-

---

[135] „Das Schwarzpulver zum Schiessen hat immer aus Mischungen von Kaliumnitrat, Kohle und Schwefel bestanden, etwa im Verhältnis von 6:1:1." (Ost, Lehrbuch: 213.)

[136] Schmidt, Chemie: 648.

[137] Caro, Stickstoffgewinnung: 537.

[138] „Nitrieren" bedeutet „organische Substanzen mit Salpetersäure oder Gemischen aus konzentrierter Salpeter- und Schwefelsäure [zu] behandeln." (Wermke u.a. (Hgg.), Fremdwörterbuch: 705.)

[139] Poppenberg, Pulver: 109.

[140] Schmidt, Chemie: 652.

derner Sprengstoff zur Verfügung, der dem TNT und dem TNP an Brisanz und Lagerfähigkeit jedoch deutlich nachstand.[141] Hergestellt wurde die Substanz, die übrigens auch als Düngemittel Verwendung fand, indem Salpetersäure mit Ammoniak gesättigt wurde.[142] Ein weiterer ziviler Sprengstoff war das Glycerintrinitrat, das aufgrund seiner äusserst hohen Empfindlichkeit jedoch fast ausschliesslich in Form von Dynamit oder Sprenggelatine angewendet wurde. Dessen Herstellung erfolgte durch Nitrierung von Glycerin.[143]

Was die *Schiesspulver* anbelangt, wurde das Schwarzpulver primär durch Cellulosenitrat (Schiessbaumwolle) ersetzt.[144] Wie der Name schon sagt, wurde dieser Explosivstoff durch Nitrierung von Cellulose hergestellt, wozu hauptsächlich entfettete Baumwolle eingesetzt wurde. Im Bereich der *Zündmittel* wurde vor Ausbruch des Ersten Weltkriegs hauptsächlich das aus Quecksilber, Alkohol und Salpetersäure hergestellte Knallquecksilber verwendet.[145] Später wurde auch vermehrt auf Bleiazid – das Bleisalz der Stickstoffwasserstoffsäure – zurückgegriffen, das den Knallquecksilber zwar an Brisanz übertraf, dafür aber auch gefährlicher zu handhaben war.[146]

Insgesamt lässt sich feststellen, dass es sich bei sämtlichen Explosivstoffen, die in der unmittelbaren Vorkriegszeit für militärische Zwecke Verwendung fanden, um Stickstoffverbindungen handelte, für deren Herstellung die Verfügbarkeit über konzentrierte Salpetersäure zentral war. Dies wird auch in einem in der Kriegszeit verfassten Bericht der Kriegschemikalien AG bestätigt: „Für den Heeresbedarf spielt der Stickstoff als das Hauptelement der eingebürgerten Explosivstoffe eine entscheidende Rolle. [...] In dem weitaus überwiegenden Teil des Bedarfes hängt die Herstellung der Pulver- und Sprengstoffe (Treib- und Sprengmittel) von der Verwendung verdichteter Salpetersäure ab."[147]

---

[141] Justrow, Krieg: 75.
[142] Tegeder, Mayer, Verfahren: 100-101.
[143] Wermke u.a. (Hgg.), Fremdwörterbuch: 705.
[144] Ost, Lehrbuch: 231.
[145] Ost, Lehrbuch: 110.
[146] Ost, Lehrbuch: 213.
[147] BArch R 8729 64: 1916 – Diehl, Th., Entwurf eines Berichts über Toluol, Stickstoff, Schwefel, etc.: 3.

Da praktisch die gesamte deutsche Vorkriegsproduktion an Salpetersäure auf der chemischen Umsetzung von importiertem Chilesalpeter mit Schwefelsäure basierte, kam es zudem zu einer nicht unproblematischen Verknüpfung zwischen der landwirtschaftlichen und der militärischen Stickstoffversorgung.[148] Die für die Ernährung bedeutsamen landwirtschaftlichen Flächenerträge waren nämlich in einem gewissen Mass von derselben, aus dem Ausland eingeführten Ressource abhängig wie die militärisch unverzichtbare Produktion von Explosivstoffen. Stickstoff ist daher als eine *militärische Schlüsselressource* zu bezeichnen.

Wie hoch die deutsche Gesamterzeugung an Explosivstoffen in der Vorkriegszeit war, ist nur schwer feststellbar. Ost geht davon aus, dass sie im Jahr 1911 rund 50'000-60'000 t betragen haben müsse.[149] Benötigt wurden Explosivstoffe etwa im Bergbau oder zu Jagdzwecken. Ein militärischer Bedarf hingegen bestand fast nur im Rahmen des Munitionsverbrauchs zu Übungszwecken.[150] Dass dieser Friedensbedarf anlässlich eines allfälligen Kriegs deutlich übertroffen werden würde, war schon vor dem effektiven Kriegsausbruch unbestritten. Auf eine quantitative Aufschlüsselung des Vorkriegsbedarfs an Explosivstoffen nach militärischer und ziviler Verwendung wird an dieser Stelle daher verzichtet. Es kann jedoch festgestellt werden, dass für gewerblich/industrielle, also für nichtlandwirtschaftliche Zwecke, insgesamt 20'000 bis 25'000 Jahrestonnen gebundenen Stickstoffs erforderlich waren.[151]

---

[148] Poppenberg, Pulver: 94.

[149] Ost, Lehrbuch: 212.

[150] Caro, Stickstoffgewinnung: 537.

[151] Benötigt wurden Stickstoffverbindungen beispielsweise auch für die Herstellung von Glas, Filmen, Zelluloid, Farbstoffen, Pharmazeutika und Kunstseide. Siehe auch Eucken, Stickstoffversorgung: 87; Caro, Stickstoffgewinnung: 538.

3.2 Der Stickstoffbedarf der Landwirtschaft

3.2.1 Der deutsche Vorkriegsverbrauch an stickstoffhaltigen Handelsdüngern

Was den landwirtschaftlichen Vorkriegsverbrauch an stickstoffhaltigen Handelsdüngern betrifft, herrscht in der Literatur der Kriegs- und Zwischenkriegszeit weitgehend Einigkeit. Die tiefste Schätzung liegt bei 200'000 Jahrestonnen gebundenen Stickstoffs und stammt von Caro[152] während Aereboe[153] und Clauss[154] von 210'000 t, Eucken[155] von 215'000 t und Waeser[156] gar von 222'500 t Stickstoff ausgehen.

Eine Aufschlüsselung der in der Landwirtschaft verwendeten, stickstoffhaltigen Handelsdünger wurde zumindest teilweise von Aereboe vorgenommen. Er verzeichnet, dass 1913 insgesamt 560'000 t Chilesalpeter (86'800 t N)[157] und 400'000 t Ammoniumsulfat (80'000 t N) verbraucht worden seien.[158] Angaben über Norge- oder Kalksalpeter sind bei ihm leider keine zu finden. Wesentlich detaillierter ist die von Waeser vorgenommene Aufschlüsselung, in der er folgende Verbrauchszahlen angibt: 746'800 t Chilesalpeter (116'000 t N), 460'000 t Ammoniumsulfat (92'000 t N) aus Kokereien und Gaswerken, 35'000 t Norgesalpeter (4'500 t N), 30'000 bis 50'000 t Kalkstickstoff (4'700 bis 7'800 t N) und 20'000 t Ammoniumsulfat (4'000 t N) aus katalytisch gewonnenem Ammoniak.[159] Addiert ergäbe dies 1'291'800 bis 1'311'800 t Düngemittel bzw. 221'000 bis 224'000 t gebundenen Stickstoffs.

Die oben aufgeführten Werte der verschiedenen Autoren liegen nicht nur nahe beieinander, sondern lassen sich auch durch ungedruckte Quellen stützen. Beispielsweise wird der Vorkriegsverbrauch der Landwirtschaft in einem 1916 verfassten, internen Bericht der Kriegs-

---

[152] Caro, Stickstoffgewinnung: 538.
[153] Aereboe, Einfluss: 43.
[154] Clauss, Stickstoffversorgung: 63.
[155] Eucken, Stickstoffversorgung: 87.
[156] Waeser, Luftstickstoffindustrie, 1. Auflage: 13.
[157] Tabelle für die Berechnung des Stickstoffgehalts: Anhang 1.
[158] Aereboe, Einfluss: 40.
[159] Waeser, Luftstickstoff-Industrie, 1. Auflage: 13.

chemikalien AG auf 225'000 Jahrestonnen Stickstoff geschätzt.[160] Weitere Angaben finden sich in den Protokollen des Ministeriums für Landwirtschaft, Domänen und Forsten, in denen für das Jahr 1913 durchgehend von einem Verbrauch von „1'200'000 t an Salpeter aller Art, schwefelsaurem Ammoniak und Kalkstickstoff" ausgegangen wird.[161]

Aufgrund dieser Übereinstimmungen kann zusammenfassend festgehalten werden, dass die deutsche Landwirtschaft vor Kriegsbeginn weit über eine Million Jahrestonnen stickstoffhaltiger Handelsdünger verbraucht haben muss, was einer Menge von mehr als 200'000 t gebundenem Stickstoff entspricht.

3.2.2 Deutschlands „versteckte" Stickstoffimporte

Zur Beantwortung der Fragestellung der vorliegenden Arbeit würde es zu kurz greifen, die Versorgung mit Stickstoffverbindungen lediglich aufgrund stickstoffhaltiger Handelsdünger oder Grundsubstanzen der Explosivstoffherstellung rekonstruieren zu wollen. Gerade im Falle des landwirtschaftlichen Stickstoffbedarfs würde ein solches Vorgehen zu verzerrten Resultaten führen. Dies daher, weil der deutschen Landwirtschaft nebst der genannten Düngung und der natürlichen Stickstofffixierung auch anderweitig gebundener Stickstoff zugeführt wurde. In grossem Masse erfolgte dies etwa durch den Import von Nahrungs- und Futtermitteln. Zwar handelt es sich bei derartigem organischem Material – dem in ihm gebundenen Stickstoff zum Trotz – *nicht* um eigentliche *Stickstoffverbindungen*. Dennoch hatten die Agrareinfuhren auf die Versorgung mit Stickstoffverbindungen einen gewissen Einfluss: *Erstens* mussten die Düngemittel, die zur Produktion der entsprechenden Nahrung erforderlich waren, nicht im Inland aufgebracht werden, womit auch Stickstoffdünger eingespart werden

---

[160] BArch R 8729 65: 1916 – Diehl, Th., Bericht über Chemikalien mit 14 Anlagen: 4.

[161] BArch R 43 2466 a: 20.10.1914 – Protokoll der Sitzung im Ministerium für Landwirtschaft, Domänen und Forsten: 1; BArch R 43 2466 a: 3.11.1914 – Schreiben des Ministeriums für Landwirtschaft, Domänen und Forsten an den Reichskanzler (Grosses Hauptquartier): 2, 7.

konnte. *Zweitens* fielen durch den Verzehr der importierten Nahrungs-, insbesondere aber der Futtermittel, Ausscheidungen an, die als Dünger verwendet werden konnten, was den Bedarf an Kunstdünger wiederum verminderte. Es wäre zweifellos verfehlt, die kriegswirtschaftliche Bedeutung derartiger Einfuhren auf ihren Stickstoffgehalt oder ihre Eigenschaft als Stickstoffträger zu reduzieren. Umgekehrt wäre jedoch genauso falsch, diese Importe bei der Behandlung des Themas der Versorgung mit Stickstoffverbindungen einfach auszublenden.

Was die Grössenordnung und die Bedeutung der Importe anbelangt, herrscht in der Literatur grundsätzlich Einigkeit darüber, dass Deutschland in der zweiten Hälfte des 19. Jahrhunderts zu einem Agrareinfuhrland geworden war. Henning beziffert den jährlichen deutschen Getreideverbrauch in der Vorkriegszeit beispielsweise auf 30'000'000 t, wovon rund 7'000'000 t bzw. 23% eingeführt worden seien.[162] Zudem seien 40% des inländischen Fettbedarfs sowie 35% der Versorgung mit tierischen Produkten von Importen abhängig gewesen. Ausgehend vom Kalorienbedarf habe der jährliche Fehlbedarf über alle Nahrungsmittel gerechnet rund 20% betragen.[163] Von demselben Prozentsatz wird auch in der neuesten Literatur ausgegangen. So schreibt Kluge etwa, dass Deutschland „bis zu 20% auf Zufuhren an Nahrungsgütern und Futtermitteln angewiesen war."[164] Andere Historiker gehen sogar von 30% aus.[165]

Wenn auch die deutsche Abhängigkeit von ausländischen Agrareinfuhren in den meisten zeitgenössischen Publikationen lediglich unter dem Aspekt der Volksernährung behandelt wurde, erschienen dennoch vereinzelt auch spezialisierte Abhandlungen, die sich explizit mit den Auswirkungen auf die Stickstoffversorgung befassten. Besonders beachtenswert ist dabei ein 1919 in der Zeitschrift für angewandte Chemie publizierter Artikel eines Professors Neubauer.[166] Basierend auf Berechnungen von Kuczynski und Zuntz kalkulierte er, dass die 1913 eingeführten Mengen an Futtermittel rund 180'000 t Stickstoff

---

[162] Henning, Deutschland: 36.
[163] Henning, Deutschland: 36.
[164] Kluge, Agrarwirtschaft: 12.
[165] Corni, Ernährung: 461.
[166] Neubauer, Grösse.

entsprochen hätten.[167] Zusätzlich versuchte Neubauer zu berechnen, wie viel Stickstoffdünger notwendig gewesen wäre, um die landwirtschaftliche Inlanderzeugung Deutschlands um die Höhe der Agrareinfuhren zu steigern. Er kam dabei zum Resultat, „dass wir, um die uns fehlende Menge an Eiweiss in Form ausländischer Futtermittel auszugleichen, zweimal 180'000 t, also 360'000 t Stickstoff in Form von Düngemitteln brauchten."[168] Neubauers Berechnungen wurden u.a. auch von Waeser übernommen, der die Menge von angeblich 360'000 t zusätzlich benötigtem Stickstoff zu den 200'000 t, welche der deutschen Landwirtschaft vor Kriegsbeginn ja bereits in Form von Handelsdünger zugeführt wurden, hinzuaddierte. Dieser Berechnung zufolge hätte der Gesamtbedarf der deutschen Landwirtschaft nach dem Wegfall der Agrareinfuhren rund 560'000 t gebundenen Stickstoffs betragen.[169]

Zu ähnlichen Resultaten kam Lemmermann, der 1918 schrieb: „Wir haben vor dem Kriege grosse Mengen von Stickstoff, etwa 170'000 t, in Form von sogenannten Kraftfuttermitteln eingeführt."[170] Lemmermanns Angaben wurden beispielsweise von Eucken[171] und Clauss[172] aufgegriffen. Diese versuchten jedoch – im Gegensatz zu Neubauer und Waeser – weder die zum Ersatz der Futtermittel erforderlichen Düngermengen zu berechnen, noch nahmen sie eine Schätzung des landwirtschaftlichen Gesamtbedarfs an Stickstoffverbindungen vor. Mit der Quantifizierung des Stickstoffgehalts der Futtermittelimporte zeigten sie dennoch deutlich auf, dass der Stickstoffbedarf der deutschen Landwirtschaft weitaus mehr als die 200'000 t umfasste, die vor dem Krieg in Form von Handelsdünger zugeführt wurden: „Sicher aber ist, dass mit dem Wegfall der Einfuhr dieser Futtermittel die Stickstoffversorgung Deutschlands sich wesentlich verschlechterte."[173]

---

[167] Kuczynski und Zuntz berechneten nicht den Stickstoff- sondern den gesamthaften Eiweiss- und Stärkegehalt. (Kuczynski, Zuntz, Futtermittel.) Neubauer rechnete diese Werte in Stickstoff um.

[168] Neubauer, Grösse: 437.

[169] Waeser, Luftstickstoff-Industrie, 1. Auflage: 15.

[170] Lemmermann, Ernährung: 51.

[171] Eucken, Stickstoffversorgung: 89.

[172] Clauss, Stickstoffversorgung: 14.

[173] Eucken, Stickstoffversorgung: 89.

Grundsätzlich ist der oben beschriebenen Ableitung der Menge an erforderlichem Stickstoff vom Umfang der betreffenden Agrareinfuhren mit grösster Vorsicht zu begegnen. Dies daher, weil weder die genauen Berechnungsgrundlagen bekannt sind noch die Zulässigkeit eines Vergleichs geklärt ist. Noch problematischer verhält es sich mit der Berechnung der zum Ausgleich der wegfallenden Agrarimporte erforderlichen Düngermengen. Auch hier sind die Grundlagen weitgehend diffus. In der vorliegenden Arbeit ist es daher weder möglich, diese Umrechnungsversuche zu bewerten, noch sie zur Quantifizierung der deutschen Versorgung mit Stickstoffverbindungen beizuziehen. Sie sollen aber dennoch zur Kenntnis genommen und als Hinweis darauf verstanden werden, dass der tatsächliche Bedarf der deutschen Landwirtschaft an gebundenem Stickstoff die genannten 200'000 Jahrestonnen womöglich bei weitem überstiegen hat.

3.3 Die deutsche Versorgungslage am Vorabend des Kriegs

3.3.1 Der Gesamtverbrauch

Wie gezeigt werden konnte, setzte sich der Gesamtverbrauch aus dem Stickstoffbedarf der *Landwirtschaft* und der *Industrie* bzw. des *Gewerbes* zusammen. Auch wenn man die auf den vorhergehenden Seiten erwähnten Nahrungs- und Futtermittelimporte nicht mit einbezieht, wies die Landwirtschaft mit über 200'000 Jahrestonnen gebundenen Stickstoffs den weitaus grössten Verbrauch auf. Die 20'000 bis 25'000 t Stickstoff, die von Industrie und Gewerbe konsumiert wurden, waren also beinahe um den Faktor zehn geringer. Durch Addition der beiden Zahlen lässt sich ein jährlicher Gesamtverbrauch von 220'000 bis 225'000 t gebundenen Stickstoffs errechnen.

Diese Zahlen werden auch von der Kriegs- und Zwischenkriegsliteratur weitgehend gestützt. Waeser errechnete beispielsweise einen Gesamtverbrauch von 222'500 bis 226'500[174] t und Eucken von 240'000[175] t Stickstoff. Caro gab gegen Ende des Weltkriegs sogar

[174] Waeser, Luftstickstoff-Industrie, 1. Auflage: 13.
[175] Eucken, Stickstoffversorgung: 87.

exakt den oben errechneten Wert von 225'000 t an.[176] Ähnliche Zahlen wurden auch in einem Bericht der Kriegschemikalien AG von 1916 genannt: „Der Verbrauch Deutschlands vor Kriegsbeginn wurde jährlich auf 250'000 t Stickstoff geschätzt. [...] Vom Verbrauch entfielen ca. 90% auf die Landwirtschaft und etwa 10% auf die Industrie."[177] Ferner lässt sich diese Verbrauchsmenge durch Quellen aus dem BASF-Unternehmensarchiv stützen. Beispielsweise steht in einem an sämtliche Reichstagsabgeordneten gerichteten Schreiben aus dem Jahr 1915, dass „der Gesamtverbrauch Deutschlands an gebundenem Stickstoff für Landwirtschaft und Industrie in 1913 rund 220'000 t reinen Stickstoffs [entsprach]."[178] In einer detaillierten BASF-internen Aufstellung über den Inlandverbrauch des Jahres 1913 wurde sogar eine Aufschlüsselung nach Verbrauchergruppen vorgenommen.[179] Die Daten sind in Anhang 2 der vorliegenden Arbeit festgehalten und in Abbildung 3 graphisch dargestellt. Diesen Angaben zufolge betrug der damalige deutsche Gesamtverbrauch 239'110 t.

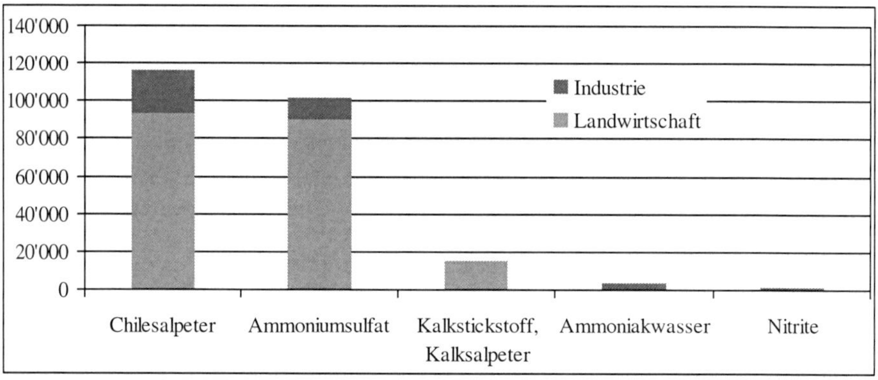

Abb. 3: Der deutsche Verbrauch an Stickstoffverbindungen im Jahr 1913 in Tonnen Stickstoff[180]

[176] Caro, Kalkstickstoff: 866.
[177] BArch R 8729 65: 1916 – Diehl, Th., Bericht über Chemikalien mit 14 Anlagen: 4.
[178] BASF B 4 455: 24.7.1915 – Schreiben der Badischen Anilin- & Soda-Fabrik an sämtliche Reichstagsabgeordneten: 2.
[179] BASF B 4 457: [o.J.] – Übersicht über den Verbrauch an Chilesalpeter u.s.w. im Jahre 1913, umgerechnet in Stickstoff.
[180] Datenquelle: Anhang 2.

3.3.2 Die Inlanderzeugung

3.3.2.1 Die Gewinnung von Stickstoffverbindungen mittels Trockendestillation von Kohle sowie durch das Lichtbogenverfahren

Vor Kriegsbeginn bestanden auf deutschem Territorium 1'700 Gaswerke sowie 178 Kokereien mit 20'738 Koksöfen. In 3'281 dieser Öfen wurde allerdings kein Ammoniak gewonnen.[181] Zur Ermittlung der gesamten aus Kohle erzeugten Menge an Ammoniak bieten sich die von der Deutschen Ammoniak-Verkaufs-Vereinigung (DAVV) publizierten Produktionszahlen an, die beispielsweise bei Grossmann[182], Waeser[183] oder Bueb[184] zitiert werden. Für das Jahr 1913 wird dort einheitlich die Menge von 108'350 t Stickstoff angegeben. Andere Daten weichen nur minimal von diesem Wert ab. So ging Eucken etwa von 110'000 t Stickstoff aus.[185] Dieselbe Zahl wird auch in einem zeitgenössischen Schreiben der BASF genannt.[186]

Geradezu gegensätzlich präsentierte sich vor Kriegsbeginn der Entwicklungsstand der Erzeugung nach dem Lichtbogenverfahren. Eine entsprechende Produktion wurde in Deutschland zwar bereits 1905 im Rahmen eines kleinen Versuchsbetriebs der BASF aufgenommen, dann aber nach kürzester Zeit bereits wieder eingestellt und nach dem norwegischen Kristianssand verlegt.[187] Die Gründe dafür waren – wie bereits erwähnt – in erster Linie der ausserordentlich hohe Energieverbrauch sowie ein Mangel an billiger Wasserkraft.[188] In den letzten Jahren vor Ausbruch des Kriegs erfolgte in Deutschland daher keine Produktion von Stickstoffverbindungen mehr, bei der das Lichtbogen-Verfahren eingesetzt wurde.

---

[181] Ost, Lehrbuch: 325, 356.
[182] Grossmann, Weicksel, Stickstoffindustrie: 36.
[183] Waeser, Luftstickstoff-Industrie, 2. Auflage: 6.
[184] Bueb, Warmbold, Ausführungen: 154.
[185] Eucken, Stickstoffversorgung: 50.
[186] BASF B 4 455: 24.7.1915 – Schreiben der Badischen Anilin- & Soda-Fabrik an sämtliche Reichstagsabgeordneten: 2.
[187] Waeser, Luftstickstoff-Industrie, 1. Auflage: 49.
[188] Poglitsch, Entwicklung: 50.

3.3.2.2 Die Erzeugung von Kalkstickstoff

Die beiden einzigen Verfahren, die in industriellem Massstab zur Bindung von Luftstickstoff zur Anwendung kamen, waren die katalytische Hochdrucksynthese sowie die Azotierung von Calciumcarbid. Kalkstickstoff wurde vor dem Krieg hauptsächlich von zwei Unternehmen produziert. Das eine davon war die *Bayrische Stickstoff-Werke Aktien-Gesellschaft*, mit Werken in Trostberg und Mühltal. Letzteres produzierte jedoch aus Rentabilitätsgründen schon bald nach seiner Eröffnung nur noch Calciumcarbid, weshalb Trostberg bei Kriegsausbruch das einzige Kalkstickstoffwerk der Bayrischen Stickstoff-Werke war.[189] Die zweite grössere Firma, die vor dem Krieg Calciumcyanamid herstellte, war die *Aktien-Gesellschaft für Stickstoffdünger*. Sie produzierte in Knapsack und eröffnete unmittelbar vor Kriegsbeginn eine zweite Fabrik in Gross-Kayna, deren Beitrag zur Vorkriegsproduktion allerdings unerheblich war.[190] Der Umfang der deutschen Vorkriegsproduktion an Kalkstickstoff wurde also im Wesentlichen durch den Ausstoss der Werke in Trostberg und Knapsack bestimmt.[191]

Auch zu diesen beiden Fabriken lassen sich in der zeitgenössischen Literatur und den Quellen diverse Angaben finden. Laut Nikodem Caro, dem eigentlichen Erfinder des Kalkstickstoffverfahrens und ehemaligen Leiter der Bayrischen Stickstoff-Werke, erzeugten die beiden Fabriken vor dem Krieg insgesamt rund 10'000 t gebundenen Stickstoffs.[192] Derselbe Wert findet sich auch in Quellen des BASF-Unternehmensarchivs, z.B. in einem Schreiben an die Reichstagsabgeordneten, in dem ebenfalls von einer Produktion von 10'000 t Stickstoff die Rede ist.[193] Sehr nahe bei dieser Zahl liegen ferner die Angaben in einer firmeninternen Aufstellung, in der von einer Produktion

---

[189] Janke, Geschichte: 51.
[190] Janke, Geschichte: 52.
[191] Waeser, Luftstickstoff-Industrie, 1. Auflage: 20.
[192] Caro, Stickstoffgewinnung: 541.
[193] BASF B 4 455: 24.7.1915 – Schreiben der Badischen Anilin- & Soda-Fabrik an sämtliche Reichstagsabgeordneten: 2.

von 45'000 t Calciumcyanamid ausgegangen wird, was 9'000 t Stickstoff entspricht.[194]

3.3.2.3 Die Produktion nach dem Hochdruckverfahren

Nebst den Produktionsstätten von Ammoniumsulfat und Calciumcyanamid waren vor Kriegsausbruch bereits auch erste Anlagen zur katalytischen Ammoniakerzeugung in Betrieb. Wie gezeigt wurde, konnte das Versuchsstadium jedoch erst 1913 abgeschlossen werden. Das weltweit erste – und damals folglich auch einzige – kommerzielle Werk wurde am 9. September 1913 von der BASF in Oppau bei Ludwigshafen in Betrieb genommen. Zumindest darüber herrscht in der Geschichtsschreibung weitgehend Einigkeit, nicht aber über die Angaben zum Umfang der damaligen Produktion, die sowohl in der Zwischenkriegs- wie auch in der neueren Literatur teilweise wesentlich zu hoch liegen. So ging Johnson 2002 davon aus, dass „die Produktion mit einer Anfangsleistung von 30 t Ammoniak pro Tag“ angelaufen sei, was umgerechnet einem Tagesausstoss von rund 25 t gebundenen Stickstoffs entspricht.[195] Wesentlich realistischer dürften die Angaben von Alwin Mittasch sein, der selber stark in die industrielle Realisierung des Hochdruckverfahrens involviert war. Er gab an, dass „die tägliche Produktion die 10'000-kg-Grenze (als NH_3)“ erst am 24. Oktober 1913 überschritten habe.[196] In reinen Stickstoff umgerechnet, wurden Ende Oktober folglich gerade mal acht Tonnen Stickstoff pro Tag fixiert. Dieselbe Zahl findet sich auch in der neuesten Literatur bei Smil.[197]

Der Umfang der Produktion nahm jedoch stetig zu und dürfte sich bis vor Kriegsbeginn sogar verdoppelt haben. Es weist alles dar-

[194] BASF B 4 457: [o.J.] – Aufstellung über die Inlandsproduktion, die Einfuhr und den Inlandsverbrauch von Chilesalpeter u.s.w. für die Jahre 1911, 1912 und 1913. Aufgestellt nach dem Statistischen Jahrbuch für das Deutsche Reich, den Mitteilungen der deutschen Ammoniak-Verkaufs-Vereinigung und der Zeitschrift für angewandte Chemie sowie nach Angaben von Sachverständigen.
[195] Johnson, Macht: 161; Umrechnungstabelle: Siehe Anhang 1.
[196] Mittasch, Geschichte: 137.
[197] Smil, Earth: 102.

auf hin, dass im Sommer 1914 eine Kapazität von rund 20 Tagestonnen bzw. von rund 7'200 t Stickstoff pro Jahr erreicht wurde.[198] In den Quellen lässt sich feststellen, dass diese Produktionszahlen selbst von den mit der BASF konkurrierenden Vertretern der Kalkstickstoffindustrie bestätigt wurden: „Die Erzeugung von schwefelsaurem Ammoniak nach dem Haber'schen Verfahren beträgt z. Zt. in Deutschland rd. 3000 t monatlich.“[199] Umgerechnet entsprechen 3'000 Monatstonnen Ammoniumsulfat exakt 7'200 Jahrestonnen Stickstoff. Ungefähr denselben Wert gab auch der eher der BASF zugeneigte Emil Fischer gegenüber einer Reichstagskommission an: „Die bisherigen Anlagen in Oppau bei Ludwigshafen waren auf eine Erzeugung von 35'000 t schwefelsaurem Ammoniak eingerichtet.“[200] Diese 35'000 t Ammoniumsulfat entsprachen rund 7'000 Jahrestonnen gebundenen Stickstoffs.

3.3.3 Ein- und Ausfuhren

Wie gezeigt wurde, verbrauchte Deutschland vor Kriegsbeginn jährlich 116'000 t gebundenen Stickstoffs in Form von Chilesalpeter. Da im Inland wie auch im restlichen Europa keine nennenswerten natürlichen Salpetervorkommen vorhanden waren, musste der gesamte Bedarf aus Chile eingeführt werden.[201] Im Umfang wesentlich geringer waren die Importe an Kalkstickstoff und Norgesalpeter, die hauptsächlich aus Norwegen und in bescheidenerem Masse auch aus Schweden sowie aus der Schweiz stammten. Sie betrugen 1913 rund 6'700 t Stickstoff netto.[202] Verhältnismässig klein war auch die Nettoeinfuhr von peruanischem Guano. Sie entsprach gerade mal 4'700 t

---

[198] Smil, Earth: 102.

[199] BArch R 43 2466 a: 3.11.1914 – Denkschrift der Aktien-Gesellschaft für Stickstoffdünger und der Bayrischen Stickstoff-Werke Aktien-Gesellschaft, im Anhang eines Schreibens des Ministeriums für Landwirtschaft, Domänen und Forsten an den Reichskanzler (Grosses Hauptquartier): 8.

[200] BASF B 4 457: 5.5.1915 – Fischer, Emil, Nr. 4. Einführung eines Stickstoff-Handelsmonopols – Nr. 47 der Drucksachen – Reichstag. 13. Legislatur-Periode. II. Session 1914/15. 7. Kommission. An den Vorsitzenden der Reichstagskommission zur Beratung des Stickstoffmonopols Herrn Abg. E. Wurm: 2.

[201] Kaiserliches Statistisches Amt (Hg.), Jahrbuch 1915: 205.

[202] Kaiserliches Statistisches Amt (Hg.), Jahrbuch 1915: 206.

Stickstoff.[203] Noch geringer waren die Importe an Nitriten, mit welchen die deutsche Industrie 1913 ungefähr 1'500 Jahrestonnen gebundenen Stickstoffs bezog.[204] Einen *Ausfuhrüberschuss* von über 14'600 t Stickstoff wies der deutsche Aussenhandel bei Ammoniumsulfat auf.[205] Weitere Nettoexporte erfolgten im Bereich der Explosivstoffe und der Munition. Hier lassen sich für das Jahr 1913 Ausfuhren in der Höhe von 2'550 t Schiesspulver sowie 5'000 t „Sprengpulver, Dynamit und andere Sprengmittel" feststellen.[206] Insgesamt dürften mit diesen beiden Posten über 1'000 weitere Tonnen gebundenen Stickstoffs exportiert worden sein.

Durch Addition der Nettoimporte an Chilesalpeter (116'000 t N), Kalkstickstoff und Norgesalpeter (6'700 t N), Guano (4'700 t N) sowie Nitriten (1'500 t N) lässt sich eine jährliche Einfuhr von 130'000 t gebundenen Stickstoffs errechnen. Subtrahiert man davon die Nettoexporte an Ammoniumsulfat (14'600 t N) und Explosivstoffen (1'000 t N), ergibt sich schliesslich eine Nettozufuhr von 114'400 t Stickstoff. Selbst wenn man die in Form von Nahrungs- und Futtermitteln importierten Stickstoffmengen nicht mit einbezieht, erweist sich der Umfang der deutschen Vorkriegsimporte an Stickstoffverbindungen noch immer als beträchtlich.

3.3.4 Die Versorgungslage in der Vorkriegszeit – Eine Bilanz

Betrachtet man die *Verbraucherseite,* so zeigt sich, dass die Landwirtschaft mit rund 200'000 t Stickstoff gegen 90% des Gesamtkonsums von 225'000 t Stickstoff verschlang. Die dem Handel und der Industrie zugeführten Mengen waren dagegen mit rund 25'000 t vergleichsweise bescheiden. Wird der landwirtschaftliche Verbrauch aufgeschlüsselt, ist ersichtlich, dass sich Chilesalpeter mit 93'000 und Ammoniumsulfat mit 90'000 t Stickstoff ungefähr die Waage hielten. Deutlich geringer war die Zufuhr von Kalkstickstoff und Norgesalpe-

---

[203] Kaiserliches Statistisches Amt (Hg.), Jahrbuch 1915: 208.
[204] Kaiserliches Statistisches Amt (Hg.), Jahrbuch 1915: 206.
[205] Kaiserliches Statistisches Amt (Hg.), Jahrbuch 1915: 205.
[206] Kaiserliches Statistisches Amt (Hg.), Jahrbuch 1915: 208.

ter, die rund 15'000 bis 17'000 t Stickstoff entsprach. Bei näherer Betrachtung des Anteils von Handel und Industrie, der insgesamt rund 10% des Gesamtverbrauchs betrug, lässt sich ebenfalls konstatieren, dass in erster Linie Chilesalpeter – mit 23'250 t Stickstoff – und nur geringe Mengen an Ammoniumsulfat – mit 12'000 t – verbraucht wurden. Kalkstickstoff oder Norgesalpeter wurden im Handel und in der Industrie nicht benötigt, dafür aber sonstige Verbindungen wie Ammoniakwasser und Nitrite im Umfang von rund 5'500 t Stickstoff.
Was die *Deckung* dieses Verbrauchs anbelangt, wurde sämtlicher Chilesalpeter aus Übersee importiert. Die dadurch erfolgte Zufuhr an gebundenem Stickstoff betrug rund 116'000 t pro Jahr. Gegensätzlich verhielt es sich mit dem Ammoniumsulfat, das in Deutschland in Mengen hergestellt wurde, die nicht nur zur Deckung des entsprechenden Inlandbedarfs ausreichten, sondern auch jährliche Exporte in der Höhe von 14'600 t Stickstoff ermöglichten. Die Tatsache, dass Stickstoffverbindungen sogar *ausgeführt* werden konnten, zeigt hinsichtlich der Beurteilung der Versorgungslage auf, dass auf dem deutschen Stickstoffmarkt der Vorkriegszeit ganz offensichtlich ausreichende Mengen an gebundenem Stickstoff vorhanden waren.

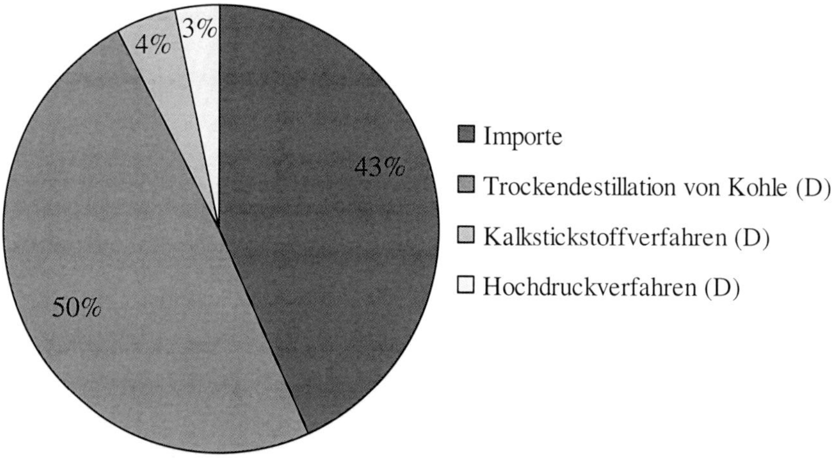

Abb. 4: Höchstmögliche Deckung des deutschen Vorkriegsbedarfs an gebundenem Stickstoff durch die inländische Produktion und verbleibende Auslandabhängigkeit [207]

---

[207] Datenquelle: Anhang 3.

Aufgrund der hohen Importzahlen stellt sich hierbei allerdings die Frage, inwieweit die Versorgung aus eigener Produktion aufrechterhalten werden konnte, bzw. wie gross das Mass der damaligen Auslandabhängigkeit einzuschätzen ist. Hierzu ist festzuhalten, dass dem deutschen Jahresverbrauch von über 225'000 t Stickstoff eine Inlandproduktion von 110'000 t (Kokereien und Gasanstalten), 10'000 t (Kalkstickstoff) und 7'300 t (Hochdruckverfahren), insgesamt also 127'300 t Stickstoff gegenüberstand. Daraus lässt sich errechnen, dass der deutsche Bedarf zumindest theoretisch zu rund 57% durch die inländische Erzeugung hätte gedeckt werden können. In jedem Fall mussten über 43% des benötigten gebundenen Stickstoffs eingeführt werden. In Abbildung 4 sind die entsprechenden Anteile graphisch dargestellt.

3.4 Blockadeangst und Vorsorgemassnahmen

3.4.1 Wahrnehmung und Beurteilung der Blockadegefahr

Dass sich eine Abhängigkeit von Importen im Falle eines Kriegs als problematisch herausstellen könnte, wurde in Deutschland grundsätzlich schon im 19. Jahrhundert erkannt. Bereits im deutsch-französischen Krieg von 1870/71 versuchte Frankreich das Mittel der Blockade gegen Deutschland anzuwenden.[208] Wenn dieser Versuch auch erfolglos war, so zeigte er der deutschen Führung dennoch auf, mit welchen wirtschaftlichen Kampfmassnahmen in einem zukünftigen Krieg zu rechnen war. Als potentielles Risiko wurde die Möglichkeit einer Blockade insbesondere für den Fall eines Zweifrontenkriegs eingestuft – einer Konfliktform, die in militärischen Kreisen ebenfalls bereits seit 1871 allgemein erwartet wurde.[209]

Bezüglich der Beurteilung der Wahrscheinlichkeit des Eintretens einer totalen Blockade und der Einschätzung der damit verknüpften Folgen herrschte allerdings keine Einigkeit. So hielten einige Ministerien eine von aussen aufgezwungene, wirtschaftliche Isolation

[208] Burchardt, Friedenswirtschaft: 51.
[209] Burchardt, Friedenswirtschaft: 1.

Deutschlands für „ausgeschlossen“ und diesbezügliche Vorsorgemassnahmen sogar für „unnötig, ja schädlich“.[210] Die preussischen Militärbehörden liessen sich beispielsweise erst dann von der drohenden Gefahr einer Blockade überzeugen, als die Verschlechterung der deutsch-britischen Beziehungen in den Jahren 1905/06 offensichtlich wurde.[211] In den zivilen Behörden wurde das Blockadeproblem sogar erst ab 1912 ernsthaft aufgegriffen.[212]

Auch unabhängig von der Beurteilung der Wahrscheinlichkeit einer britischen Seeblockade schien die Schwere der mit einer wirtschaftlichen Isolation verbundenen Folgen weitgehend unterschätzt worden zu sein. Zwar existierten mit Behrend, Fröhlich oder Ballod schon Jahre vor Kriegsausbruch Experten, die vor einer starken Importabhängigkeit warnten. „Zahlreiche optimistische Publikationen von Wissenschaftlern und offiziösen Institutionen“ widersprachen ihnen jedoch.[213] Insbesondere bezüglich des Grades der Selbstversorgung mit Lebens- und Futtermitteln herrschte weitgehend Uneinigkeit, wobei sich die zuversichtlicheren Positionen anfänglich durchzusetzen vermochten. Beispielsweise gab sich das Reichsamt des Innern noch 1912 überzeugt, dass die deutsche Volksernährung „auch unter ungünstigsten Verhältnissen im Kriegsfalle [...] gesichert sei.“[214] Nach 1912 begann sich aber auch in den ursprünglich optimistischen Ämtern eine gewisse Nervosität breit zu machen, die ihre Ursache darin hatte, dass die verfügbaren statistischen Daten als ungenügend erkannt wurden, woraus die Einsicht erwuchs, dass man sich über die tatsächliche Versorgungslage im Unklaren war.[215]

Die Beurteilung der Auswirkungen einer allfälligen Blockade war – abgesehen von der fälschlicherweise angenommenen, ernährungswirtschaftlichen Autarkie – auch von der irrtümlichen Erwartung geprägt, dass ein eventueller Krieg ohnehin nur von kurzer Dauer sein würde. Zurückzuführen war dies hauptsächlich auf die seit dem Ende des 19. Jahrhunderts vorherrschende, sogenannte „Lehre vom kurzen Krieg“, dessen bedeutendster Verfechter der Chef des deutschen Gene-

---

[210] Burchardt, Friedenswirtschaft: 52.
[211] Burchardt, Friedenswirtschaft: 54, 55.
[212] Burchardt, Friedenswirtschaft: 61.
[213] Plachetka, Getreide-Autarkiepolitik: 311.
[214] Plachetka, Getreide-Autarkiepolitik: 312.
[215] Burchardt, Friedenswirtschaft: 158.

ralstabs, Alfred von Schlieffen, war.[216] Er war auch der geistige Vater einer im weiteren Sinne als „Schlieffen-Plan" bezeichneten, operativen Idee, die bis zum Ersten Weltkrieg grundsätzlich allen deutschen Operationsplänen als Vorlage diente.[217] Zu ihrer Erfüllung war eine bewegliche, rasche Kriegführung unerlässlich. Schlieffen zufolge sollte der Krieg „die Dauer von vier Monaten nicht unter-, die Dauer von sechs Monaten nicht überschreiten."[218] Obwohl Schlieffen bereits 1906 von Helmuth von Moltke[219] abgelöst wurde und den Kriegsbeginn nicht mehr miterlebte, hatte sich die „Lehre vom kurzen Krieg" zu diesem Zeitpunkt im Generalstab wie auch in der zivilen Verwaltung längst durchgesetzt.[220] Noch anfangs 1914 gingen Moltke und der Generalstab von einer äussersten Höchstdauer von zwei Jahren aus. Das Preussische Kriegsministerium sowie die meisten zivilen Ressorts blieben bei ihren Annahmen sogar bei den von Schlieffen ursprünglich vorausgesagten neun Monaten.[221]

3.4.2 Die tatsächlich ergriffenen Vorsorgemassnahmen

Als Vorbereitung für den Mobilmachungsfall verfügten die deutschen Streitkräfte über gewisse Vorräte an Getreide sowie über Lieferverträge mit ausländischen Firmen. Da mit der Erfüllung dieser Vereinbarungen im Fall einer Blockade nicht zu rechnen war und der Heeresbedarf selbst mit den genannten Vorräten höchstens für die Dauer von neun bis zwölf Monaten hätte gedeckt werden können, waren diese Vorkehrungen nur von beschränktem Nutzen.[222] Was die *zivile* Versorgung mit Nahrungsmitteln betrifft, wurde schon seit den Siebzigerjahren des 19. Jahrhunderts eine grundsätzliche Getreide-

[216] 1833-1913, preussischer Generalfeldmarschall (1911), 1891-1905 Chef des Generalstabs. Siehe Brockhaus: 779.
[217] Cornelissen, Schlieffen-Plan.
[218] Huegel, Kriegsernährungswirtschaft: 56.
[219] 1848-1916, preussischer General (Chef des Generalstabs des Feldheeres), Neffe des gleichnamigen Generalfeldmarschalls. Siehe Pöhlmann, Moltke.
[220] Hardach, Weltkrieg: 64.
[221] Hardach, Weltkrieg: 64.
[222] Burchardt, Friedenswirtschaft: 245.

Autarkiepolitik betrieben. Diese führte zwar zu einer Steigerung der landwirtschaftlichen Inlandproduktion, das angestrebte Ziel der Autarkie wurde jedoch nie erreicht.[223] Abgesehen von dieser sehr langfristigen Massnahme begannen sich die zivilen Behörden erst in den letzten Friedensjahren ernsthaft mit der Vorbereitung des bevorstehenden Zweifronten- und Blockadekriegs zu befassen. Nach irgendwelchen konkreten, in der Praxis auch tatsächlich durchgeführten staatlichen Massnahmen sucht man dennoch weitgehend vergebens. Die einzigen Ausnahmen stellen einige wenige kleinere Lebensmittel-Lager[224] für grosse Städte sowie eine am 24. Juli 1914 – also am Tag vor der Mobilmachung der serbischen Armee, im sprichwörtlich letzten Moment – in Belgien und den Niederlanden aufgekaufte Getreidereserve von rund 80'000 t dar.[225]

Nicht viel besser präsentierte sich die Lage in der Rohstoffversorgung. Wie schon am Beispiel des Chilesalpeters ausführlich gezeigt wurde, herrschte hier ebenfalls in zahlreichen Bereichen eine ausgeprägte Importabhängigkeit. Da die zivilen Behörden nach dem Prinzip vorgingen, *vor* einer Sicherung der Rohstoffversorgung eine ausreichende Verfügbarkeit über Nahrungsmittel sicherzustellen, wurden auch in diesem Bereich kaum konkrete Massnahmen ergriffen. Die einzigen Ausnahmen stellten einige regional begrenzte Erhebungen dar, die jedoch ebenfalls folgenlos blieben.[226]

Für ein gewisses Mass an Vorbereitung sprechen im BASF-Unternehmensarchiv entdeckte, als „Geheim" klassifizierte Vereinbarungen aus dem Jahr 1913, die zwischen staatlichen Sprengstoff- und Pulverfabriken einerseits und der BASF andererseits abgeschlossen wurden. Letztere verpflichtete sich darin, den staatlichen Explosivstoffproduzenten „für den Mobilmachungsfall" monatlich gewisse Quanten an Salpetersäure zu liefern.[227] Dies zeigt zwar, dass sich die staatlichen Rüstungsbetriebe der Bedeutung dieser Stickstoffverbindung grundsätzlich bewusst waren. Die Lieferverträge stellten jedoch bloss eine Massnahme zur Regelung der innerdeutschen *Verteilung*

---

[223] Plachetka, Getreide-Autarkiepolitik: 260-261.
[224] Plachetka, Getreide-Autarkiepolitik: 326.
[225] Huegel, Kriegsernährungswirtschaft: 71-72.
[226] Burchardt, Friedenswirtschaft: 246.
[227] Zum Beispiel BASF A 861: 23.6.1913 – Ausweis für die Badische Anilin- & Soda-Fabrik, Ludwigshafen a/Rh. der Pulverfabrik bei Ingolstadt.

von Stickstoffverbindungen dar. Indizien dafür, dass bereits vor Kriegsbeginn Mittel in die Wege geleitet worden wären, um die gesamtdeutsche Versorgung mit Stickstoffverbindungen zu verbessern bzw. die Abhängigkeit von ausländischem Chilesalpeter zu vermindern, lassen sich allerdings keine finden.

4 KRIEGSAUSBRUCH UND BLOCKADE

Ende Juli 1914 löste die österreich-ungarische Kriegserklärung an Serbien eine russische Generalmobilmachung aus. Darauf reagierte Deutschland am 1. August 1914 mit der Generalmobilmachung, einer Kriegserklärung an Russland und zwei Tage später auch noch mit einer Kriegserklärung an die Adresse Frankreichs. Bereits drei Tage nach ihrer Mobilisierung marschierten deutsche Truppen im neutralen Belgien ein.[228] Durch diese Aggression provoziert, entschloss sich Grossbritannien ebenfalls in den Krieg einzutreten. Noch während die Invasion in Belgien in vollem Gange war, erklärte es Deutschland am 4. August den Krieg. Gleichzeitig verhängte Grossbritannien eine Wirtschaftsblockade über die Mittelmächte und legte damit die Grundlage des sich anbahnenden Weltwirtschaftskriegs.[229]

4.1 Die alliierte Blockade

4.1.1 Völkerrechtliche Grundlagen

Schon lange vor dem Ersten Weltkrieg existierten völkerrechtliche Regeln über wirtschaftliche Kriegsmassnahmen. Beispielsweise waren die Blockade gegnerischer Häfen oder Küsten sowie die Beschlagnahmung kriegswichtiger gegnerischer Güter – sogenannter „Konterbande" – auf hoher See bereits gemäss den Bestimmungen der Pariser Deklaration von 1856 grundsätzlich zulässig.[230] 1909 wurden diese Regelungen im Rahmen der Londoner Seerechtsdeklaration im Wesentlichen bestätigt. Auch das „Recht zur Blockade" wurde beibehalten. Verboten wurde hingegen die Blockade *neutraler* Häfen und Küsten.[231] Was die Beschlagnahmung von Gütern auf hoher See betraf, wurden zudem einige Präzisierungen vorgenommen. Die ur-

---

[228] Kinder, Hilgemann, dtv-Atlas: 400.
[229] Michalka, Kriegsrohstoffbewirtschaftung: 486.
[230] Kramer, Kriegsrecht: 285.
[231] Hardach, Weltkrieg: 20.

sprüngliche „Konterbande" wurde neu in drei Warengruppen aufgegliedert. Als „absolute Konterbande" galt Ware von ausschliesslich militärischer Nutzung wie Munition oder Waffen. Bei der zweiten Gruppe, der „relativen Konterbande", handelte es sich um Güter, die sowohl zivil als auch militärisch genutzt werden konnten. Darunter fielen beispielsweise Nahrungs- und Futtermittel, Kleider, Brennstoffe oder Schmiermittel. In einer dritten, sogenannten „freien Liste" wurden Waren aufgeführt, die *nicht* zu Konterbande erklärt werden durften; darunter fielen u.a. Baumwolle, Kautschuk und Düngemittel.[232]

Gemäss der Londoner Seerechtsdeklaration konnte absolute Konterbande auf See dann beschlagnahmt werden, wenn sie entweder für feindliches Territorium oder für die gegnerischen Streitkräfte bestimmt war. Explizit davon ausgenommen waren allerdings Güter, die dem Gegner indirekt über einen neutralen Hafen zugesandt wurden.[233] Weiterhin möglich blieb die Beschlagnahmung aller Art von Waren, die im Rahmen einer Hafen- oder Küstenblockade aufgebracht wurden.[234]

Die rechtliche Situation war vor Kriegsausbruch allerdings weitgehend unklar, da die Londoner Seerechtsdeklaration zwar unterzeichnet, jedoch von keiner der Signatarmächte ratifiziert worden war.[235] Formell war zum Zeitpunkt des Kriegsausbruchs daher lediglich die Pariser Deklaration von 1856 rechtlich verbindlich.

4.1.2 Entstehung und Entwicklung der Blockade

Seit dem Kriegseintritt Grossbritanniens am 4. August 1914 waren die Alliierten den Mittelmächten zur See überlegen. Fortan war die deutsche Handelsflotte in den Weltmeeren ständig der Gefahr der Gefangennahme ihrer Seeleute und der Beschlagnahmung ihrer Waren ausgesetzt. Die einzige Ausnahme stellte die Ostsee dar, in welcher Deutschland eine militärische Überlegenheit bewahren konnte.[236] Den

[232] Vincent, Politics: 30-31.
[233] Vincent, Politics: 31.
[234] Hardach, Weltkrieg: 21.
[235] Huegel, Kriegsernährungswirtschaft: 115.
[236] Salewski, Seekrieg: 829.

britischen Seestreitkräften gelang es, die Zugänge zur Nordsee und zum Mittelmeer zu kontrollieren und dadurch eine Fernblockade zu errichten. Diese entsprach zwar nicht der Definition einer „Blockade" wie sie in der Londoner Seerechtsdeklaration vorgesehen war. Dadurch, dass sie Güter der „freien Liste" auf neutralen Schiffen passieren liessen, hielten sich die Briten *im Kern* aber dennoch an die Bestimmungen des Vertragswerks.[237]

Aufgrund der Blockade konnte Deutschland seit August 1914 Güter des Welthandels nur noch indirekt über neutrale Staaten beziehen, wobei diese letzte Möglichkeit natürlich auch der Entente nicht entging.[238] Grossbritannien stellte beispielsweise fest, dass sich der Anteil seiner Exporte in die neutralen nordeuropäischen Staaten in den ersten Kriegsmonaten mehr als verdoppelte.[239] Entsprechende Gegenmassnahmen liessen daher nicht lange auf sich warten. Bereits am 20. August 1914 wurde von britischer Seite das sogenannte Prinzip der „fortgesetzten Reise" in Kraft gesetzt.[240] Diese mit der Londoner Deklaration im Widerspruch stehende Regelung erlaubte es den Seestreitkräften, auch an neutrale Staaten gerichtete, relative Konterbande zu beschlagnahmen, sofern bewiesen werden konnte, dass sie indirekt für Deutschland bestimmt war. Im Oktober 1914 wurde diese Direktive noch verschärft, indem nun auch zahlreiche Waren der „freien Liste" zu Konterbande erklärt und die Beweislast von der Truppe auf die Beförderer abgeschoben wurde.[241] Während Nahrungs- und Futtermittel bereits von Beginn weg als Konterbande betrachtet wurden, blieb Chilesalpeter als Düngemittel anfänglich auf der „freien Liste" aufgeführt. Dies änderte sich jedoch bereits im Dezember 1914, als Grossbritannien alle Bestandteile von Explosivstoffen auf dem Verordnungsweg zu absoluter Konterbande erklärte.[242] Damit wurde auch das letzte rechtliche Schlupfloch, durch das die deutsche Wirtschaft zumindest indirekt noch gewisse Mengen an Chilesalpeter hätte importieren können, definitiv geschlossen. In der Praxis konnten jedoch bereits lange vor Inkrafttreten dieser erneuten Verschärfung keine nen-

[237] Hardach, Weltkrieg: 22.
[238] Vincent, Politics: 37.
[239] Ferguson, Krieg: 249.
[240] Ochsenbein, Wirtschaftsfreiheit: 127.
[241] Huegel, Kriegsernährungswirtschaft: 115.
[242] Eucken, Stickstoffversorgung: 88.

nenswerten Mengen südamerikanischen Salpeters mehr eingeführt werden. Denn auch die Neutralen waren nach Kriegsausbruch keineswegs daran interessiert, dass ein zu hohes Mass an kriegswirtschaftlich bedeutsamen Handelsgütern nach Deutschland abwandern würde. Nachdem das komplizierte, globale Netz wirtschaftlicher Beziehungen kriegsbedingt zerrissen war, mussten auch sie erst einmal ihre *eigene* Versorgung sicherstellen. Beispielsweise waren die Niederlande als wichtigster neutraler deutscher Handelspartner ebenfalls auf überseeische Einfuhren an Rohstoffen, Dünge- und Futtermitteln angewiesen. Bereits ab dem 1. August 1914 wurden die Exporte nach Deutschland daher aus eigenem Antrieb beschränkt, und im Laufe des Kriegs nahmen die Restriktionen allmählich zu.[243]

Die Beschränkung des Handels zwischen den Mittelmächten und den Neutralen war allerdings nicht nur auf das Eigeninteresse letzterer, sondern zunehmend auch auf massiven Druck seitens der Alliierten zurückzuführen. Es kam sogar so weit, dass in einigen neutralen Staaten institutionalisierte Kontrolleinrichtungen geschaffen wurden. So entstand in den Niederlanden im November 1914 die Nederlandsche Overzee Trustmaatschappij (N.O.T.), die sicherstellte, dass an sie gerichtete Waren weder direkt noch indirekt der deutschen Wirtschaft zugutekamen. Im Gegenzug blieben entsprechende Importe auf hoher See weitgehend unbehelligt.[244] Ähnliche Vereinbarungen zur Unterbindung der Wiederausfuhr von Konterbande folgten mit Dänemark, Norwegen, Schweden und der Schweiz. Was den Neutralen trotz der getroffenen Abmachungen weiterhin als Möglichkeit offenblieb, war der freie Handel mit selbst erzeugten Waren.[245]

Eine weitere massive Verschärfung der alliierten Blockade setzte ein, nachdem Deutschland am 4. Februar die Eröffnung des U-Boot-Kriegs erklärt hatte. Fortan wurde nicht mehr zwischen verschiedenen Warengruppen unterschieden.[246] Stattdessen wurden grundsätzlich *sämtliche* Güter, die entweder von den Mittelmächten stammten oder zu diesen gelangen sollten, beschlagnahmt, unabhängig davon, worum es sich handelte, oder ob der Handel direkt oder indirekt über Neutrale erfolgte. Parallel dazu unterband die Entente vor blockierten Häfen

[243] Hardach, Weltkrieg: 22-23 .
[244] Hardach, Weltkrieg: 23.
[245] Hardach, Weltkrieg: 25.
[246] Ochsenbein, Wirtschaftsfreiheit: 130.

jegliche Art von Schiffsverkehr.[247] Auch die Kooperation der Neutralen konnte unter Anwendung von Druck verbessert werden. Um Wiederausfuhren zugunsten der Mittelmächte möglichst vollständig zu unterbinden, begann die Entente ein System mit Kontingenten aufzubauen.[248] So konnte die niederländische N.O.T. beispielsweise nur noch Waren im Umfang des erforderlichen Inlandverbrauchs einführen. Lieferungen in die Niederlande, die nicht an die N.O.T. gerichtet waren, wurden abgefangen.[249] Ähnliche Regelungen wurden später auch mit Dänemark, der Schweiz, Norwegen und Schweden getroffen.

4.1.3 Die Auswirkungen der Blockade auf die deutschen Stickstoffeinfuhren

4.1.3.1 Die Importe von Chilesalpeter

Was die Effektivität der Blockade anbelangt, kann davon ausgegangen werden, dass bereits ab Ende August 1914 keine *direkten* Importe von Chilesalpeter mehr nach Deutschland gelangten. Wesentlich schwieriger ist die Beurteilung des Umfangs der *indirekten,* über den neutralen Zwischenhandel erfolgten Einfuhren. Entsprechende Hinweise in der zeitgenössischen Literatur lassen darauf schliessen, dass derartige Geschäfte in den ersten Kriegsmonaten tatsächlich noch erfolgten. So schreibt Eucken: „Wohl sind einzelne Ladungen über neutrale Länder zu uns gelangt; auch ist es gelungen, Chilesalpeterbestände im benachbarten neutralen Ausland aufzukaufen.“ Diese Worte relativiert er jedoch sogleich durch eine weitere Aussage, laut der „tatsächlich […] nach Kriegsausbruch keine ins Gewicht fallenden Mengen von Chilesalpeter mehr von Übersee nach Deutschland hereingekommen“ und ausserdem selbst diese geringen Mengen schon bald ganz weggefallen seien.[250] Diese Darstellung lässt sich auch anhand von Quellen stützen. Beispielsweise hielt das Ministerium für Land-

[247] Vincent, Politics: 42.
[248] Kramer, Kriegsrecht: 285.
[249] Hardach, Weltkrieg: 29.
[250] Eucken, Stickstoffversorgung: 88-89.

wirtschaft, Domänen und Forsten anfangs November 1914 kurz und bündig fest: „Die Einfuhr an Chilisalpeter ist abgeschnitten.“[251]

Waeser hat eine Quantifizierung der letzten erfolgten Einfuhren vorgenommen. Für die Zeit zwischen August und Dezember 1914 geht er von einem Import von nur noch 3'940 t Chilesalpeter aus, was 610 t Stickstoff entspricht.[252] Zum Vergleich: In der Vorkriegszeit wurden in derselben Zeitspanne weit über 300'000 t Chilesalpeter, entsprechend 50'000 t Stickstoff importiert.[253] Es kann also festgestellt werden, dass die deutschen Importe von südamerikanischem Salpeter gegen Ende des Jahres 1914 nicht nur vollständig ausfielen, sondern dass auch die wenigen, nach Kriegsausbruch noch erfolgten Einfuhren kaum erwähnenswert sind.

Abgesehen von den oben dargelegten „regulären“ Importen gelang es den Deutschen auch auf militärischem Wege, Chilesalpeter ins Land zu schaffen. Insbesondere in Belgien und in Nordfrankreich trafen die deutschen Truppen bei ihren Vorstössen auf nicht unbedeutende Vorräte an Chilesalpeter. Gemäss einer aus dem Jahr 1916 stammenden Denkschrift der Zentralstelle für Fragen der Chemie des Kriegsministeriums konnten auf diese Weise immerhin rund 5'000 t gebundenen Stickstoffs erbeutet werden.[254] Es ist jedoch zu betonen, dass es sich dabei um *einmalige* Einfuhren handelte.

4.1.3.2 Die Zufuhr von Kalkstickstoff und Norgesalpeter

Wie bereits erwähnt wurde, gelangten in der Vorkriegszeit auch Kalkstickstoff und Norgesalpeter aus Norwegen, Schweden und der Schweiz nach Deutschland. Da diese Stickstoffverbindungen im Gegensatz zu Chilesalpeter in den jeweiligen neutralen Ländern selber hergestellt wurden und diese Staaten geographisch nicht von Deutsch-

---

[251] BArch R 43 2466 a: 3.11.1914 – Schreiben des Ministeriums für Landwirtschaft, Domänen und Forsten an den Reichskanzler (Grosses Hauptquartier): 1.

[252] Waeser, Luftstickstoff-Industrie, 1. Auflage: 14.

[253] Siehe Anhang 2.

[254] BArch MA MSg 2 760 a: 5.2.1916 – Denkschrift der Zentralstelle für Fragen der Chemie des Kriegsministeriums zum neuen Munitionsprogramm vom 3. Februar 1916, Auszug: 2.

land abgeschnitten waren, unterlagen allfällige Importe auch nicht den Restriktionen der alliierten Blockade.[255] Derartige Einfuhren blieben daher auch möglich, *nachdem* die Blockade bereits wirksam geworden war. Obwohl Umfang und Bedeutung des Schweizer Anteils an solchen Lieferungen erst in einem späteren Kapitel genauer unter die Lupe genommen werden, sei an dieser Stelle bereits vorausgeschickt, dass im Verlauf des Jahres 1915 gegen 2'000 t an gebundenem Stickstoff aus der Schweiz nach Deutschland gelangten.[256] Umfangreicher war der norwegische Beitrag, der 1915 alleine mit Norgesalpeter 2'670 t Stickstoff umfasste.[257] Ausserdem dürften noch geringe Mengen norwegischen und schwedischen Kalkstickstoffs hinzugekommen sein. Folglich betrug die Stickstoffzufuhr aus den neutralen Staaten 1915 insgesamt höchstens 6'000 t.

Verglichen mit dem deutschen Vorkriegsverbrauch von 225'000 t Stickstoff zeigt sich, dass die Importe aus neutralen Staaten den deutschen Bedarf an Stickstoffverbindungen nach Eintritt der alliierten Blockade zu nicht mehr als 2.6% decken konnten. Da diese Einfuhren ausserdem geringer als in der Vorkriegszeit waren, trugen sie nicht einmal zu einer teilweisen Kompensation des fehlenden Chilesalpeters bei.[258] Dies änderte sich im weiteren Verlauf des Kriegs kaum. Die Importe aus dem benachbarten neutralen Ausland nahmen sogar noch ab. Aufgezeigt werden kann dies am Beispiel des norwegischen Calciumnitrats (Norgesalpeter), dessen Zufuhr nach Deutschland sich von 2'671 t Stickstoff im Jahr 1915 auf 2'613 im Jahr 1916, 2'276 im Jahr 1917 und schliesslich gar auf 710 t Stickstoff im Jahr 1918 verringerte.[259]

Obschon sämtliche zur Herstellung von Norgesalpeter erforderlichen Ausgangsstoffe in Europa verfügbar waren, hatten die alliierten Blockademassnahmen dennoch einen gewissen Einfluss auf die skan-

---

[255] Wie erwähnt wurde, blieb die Ostsee ja unter deutscher Kontrolle.

[256] Siehe Anhang 9.

[257] Eucken, Stickstoffversorgung: 113.

[258] Vor Kriegsbeginn betrugen die Einfuhren aus Norwegen, Schweden und der Schweiz rund 6'700 t Stickstoff. Gemäss Eucken kam die norwegische Produktion während des Ersten Weltkriegs zu einem „weit überwiegendem Teil" – 1916 beispielsweise zu zwei Dritteln – der Entente zugute. (Eucken, Stickstoffversorgung: 138.)

[259] Errechnet aufgrund von Angaben in Eucken, Stickstoffversorgung: 113.

dinavischen Stickstoffexporte. Dies zum einen daher, weil auch die nordeuropäischen Länder im Verlauf des Kriegs immer weniger Chilesalpeter erhielten und die Zufuhr in der zweiten Kriegshälfte schliesslich sogar gänzlich aufhörte.[260] Die dadurch bedingte Notwendigkeit, auf selber produzierte Stickstoffverbindungen zurückzugreifen, verringerte zwangsweise auch die für den Export verfügbaren Mengen. Zum anderen wurden die Neutralen von den Mächten der Entente mittels wirtschaftlicher Massnahmen zunehmend dazu gedrängt, auch keine Eigenerzeugnisse wie Norgesalpeter mehr an die Mittelmächte zu liefern. Vollständig konnten derartige Ausfuhren allerdings erst gegen Kriegsende unterbunden werden.[261]

4.1.3.3 Die „versteckten“ Stickstoffeinfuhren

In der vorliegenden Arbeit wurde bereits aufgezeigt, dass Deutschland vor Kriegsbeginn nebst Chilesalpeter auch sehr umfangreiche Mengen an Nahrungs- und Futtermitteln importierte, und dass der Wegfall dieser Einfuhren einen zusätzlichen Mehrbedarf an Stickstoff-Handelsdüngern nach sich zog. Im Rahmen der Ermittlung des Einflusses der alliierten Blockade auf die deutsche Versorgung mit Stickstoffverbindungen soll daher auch diesem Aspekt Rechnung getragen werden.

Nicht selten wird in der Literatur vereinfachend behauptet, dass die Agrarimporte nach Deutschland aufgrund der Blockade gänzlich ausgefallen seien.[262] Dem ist entgegenzuhalten, dass bereits bei der Betrachtung des statistischen Datenmaterials zum Schweizer Aussenhandel offensichtlich wird, dass mit Deutschland auch ein Austausch von *Lebensmitteln* stattgefunden hat.[263] Belegen lässt sich ein solcher Handel auch für alle übrigen benachbarten neutralen Staaten. Während die eigentlichen Verbündeten Deutschlands kaum zu dessen Versorgung beitragen konnten, lieferte Schweden während des Kriegs offen-

---

[260] Waeser, Luftstickstoff-Industrie, 1. Auflage: 106.
[261] Bohn, Norwegen: 749.
[262] Beispielsweise Rolfes, Landwirtschaft: 741.
[263] Geering, Handel: 183-246.

bar „in erheblichem Umfang“ Lebensmittel. Auch Norwegen konnte sich dank seiner Fischerei gewisse Exporte erlauben. Die Bedeutung der Zufuhren aus Dänemark, Holland und der Schweiz bestand weniger in deren Nettoumfang als in der Art der Produkte. Mit Fleisch, Speck, Schinken, Fett, Milch, Kondensmilch, Käse und Eiern trugen sie primär zu einer Versorgung mit qualitativ hochwertigen Lebensmitteln bei.[264]

Wenn dieser Handel mit den Neutralen von der Entente auch unterschätzt wurde, so vermochte er die riesigen Getreide- und Futtermittelmengen, die vor Kriegsausbruch jährlich nach Deutschland gelangt waren, dennoch in keiner Weise zu kompensieren. Deutschland bezog während des Kriegs jedoch auch grosse Mengen an Nahrungsmitteln aus Rumänien. Bereits vor dessen Kriegseintritt wurden gegen 100'000 t Getreide nach Deutschland geliefert.[265] Noch bedeutsamer war schliesslich die rumänische Niederlage, die nach Ansicht der Alliierten eine „Lücke in das Blockadesystem“ riss.[266] Durch die Ausbeutung der rumänischen Ressourcen gelangten die Mittelmächte nicht nur zu eigenen Erdölquellen, sondern auch zu weiteren rund zwei Millionen Tonnen Getreide. Zusätzliche 400'000 t Lebensmittel konnten in der Ukraine erbeutet werden.[267]

Insgesamt kann festgestellt werden, dass zwar ein erheblicher Teil der deutschen Einfuhren an Nahrungs- und Futtermitteln durch kriegsbedingte Einflüsse versiegten, dass dieser Wegfall jedoch keineswegs absolut war. Eine Ermittlung des genauen Umfangs der verbliebenen Importe wird in der vorliegenden Arbeit nicht vorgenommen, da bereits anlässlich der Ausführungen zur Versorgungslage in der Vorkriegszeit festgestellt wurde, dass eine exakte Quantifizierung des Einflusses der Agrareinfuhren auf die allgemeine Versorgung mit Stickstoffverbindungen ein äusserst komplexes, wenn nicht sogar unmögliches Unterfangen darstellt. In jedem Fall behält jedoch die Erkenntnis, dass die tatsächliche Stickstoffversorgung während des Kriegs aufgrund der massiven Reduktion der Agrareinfuhren tendenziell eher schlechter war, als dies aufgrund der Verfügbarkeit an Stickstoffverbindungen zu erwarten gewesen wäre, ihre Gültigkeit. Anders

---

[264] Hardach, Weltkrieg: 35.
[265] Helfferich, Weltkrieg: 208-209.
[266] Hardach, Weltkrieg: 35-36.
[267] Corni, Ernährung: 461.

formuliert: Es kann also davon ausgegangen werden, dass der landwirtschaftliche Bedarf an Stickstoff-Handelsdünger während des Kriegs grundsätzlich eher grösser war als in der Vorkriegszeit.

4.2 Zusammenhänge innerhalb der deutschen Versorgung mit Stickstoffverbindungen: Kriegsbedingte negative Einflüsse und Wege zu deren Überwindung

4.2.1 Stickstoffkreislauf im Krieg und negative Rückkoppelungen

Insgesamt sind zwei starke, *direkte* Negativfaktoren festzustellen, welche sich kriegsbedingt auf die deutsche Versorgung mit Stickstoffverbindungen auswirkten. Zum einen hatte die Kriegführung naturgemäss einen im Vergleich zur Friedenszeit erhöhten Munitionsbedarf und damit auch eine gesteigerte Nachfrage nach Stickstoffverbindungen zur Folge. Zum anderen wirkte sich der durch die alliierte Blockade verursachte Wegfall der Einfuhr von Chilesalpeter negativ auf das Angebot an Stickstoffverbindungen aus. Da sich die Agrarwirtschaft mit Abstand als die grösste Verbraucherin von Stickstoffverbindungen herausstellte, war die allgemeine Versorgungslage mit Stickstoffverbindungen entsprechend stark mit der landwirtschaftlichen Produktion und dem darin herrschenden Stickstoffzyklus verknüpft.

Die Zusammenhänge, die in Abbildung 5 grafisch vereinfacht dargestellt sind, lassen deutlich werden, dass sich der Krieg nicht nur über die beiden *direkten* Faktoren des zunehmenden Stickstoffbedarfs der Streitkräfte und der Unterbindung der Salpetereinfuhren negativ auf die Versorgungslage auswirkte. *Indirekt,* namentlich über den landwirtschaftlichen Stickstoffkreislauf, hatte vielmehr auch der Wegfall der Nahrungs- und Futtermittelimporte einen nicht unwesentlichen Einfluss. Aufgrund negativer Rückkoppelungen im Stickstoffkreislauf erhöhte sich zwangsweise der Bedarf nach Stickstoff-Handelsdünger. Der Krieg wirkte sich also nicht nur in zweierlei Hinsicht, sondern gleich auf vier Ebenen negativ auf die Versorgung mit Stickstoffverbindungen aus, wobei die entsprechenden Faktoren einerseits quantitativ stark ins Gewicht fielen und andererseits gleichzeitig auftraten, wodurch sich ihre Wirkung gegenseitig verstärkte.

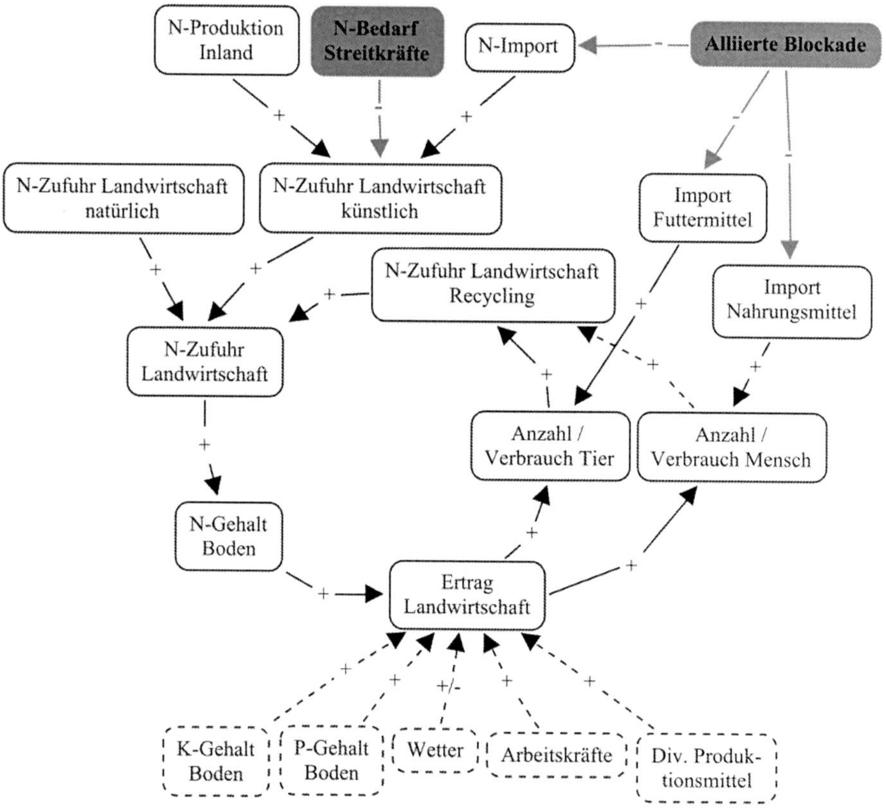

Abb. 5: Vereinfachte Darstellung der Zusammenhänge zwischen den wichtigsten Faktoren der deutschen Stickstoffversorgung

Dieses gleichzeitige Auftreten wesentlicher, sich in ihrer Wirkung noch verstärkender Negativfaktoren kann aufgrund der Verknüpfung der Stickstoffversorgung mit der Munitions- und der Nahrungsmittelversorgung für einen kriegführenden Staat als verheerend bezeichnet werden. Damit wird die im Anschluss an die erste Fragestellung formulierte These zur hohen kriegswirtschaftlichen Relevanz von Stickstoffverbindungen einmal mehr gestützt. Gleichzeitig stellt sich allerdings auch die Frage, welche Möglichkeiten grundsätzlich bestanden, um den negativen Einflüssen des Kriegs auf die Versorgung mit Stickstoffverbindungen entgegenzuwirken.

4.2.2 Mögliche Ansätze zur Verbesserung der Versorgungslage

Zur Verbesserung der Versorgungslage boten sich grundsätzlich nicht alle der in Abbildung 5 dargestellten Faktoren an. Einige davon – so die alliierte Blockade, der Wegfall der Importe oder der Stickstoffgehalt des Bodens – waren entweder durch externe Einflüsse oder durch Gesetzmässigkeiten der Natur vorgegeben. Bei anderen bestand grundsätzlich die Möglichkeit einer gewissen Einflussnahme. So konnte bei einigen Faktoren etwa eine Erhöhung der Effizienz angestrebt werden. Denkbar war dies beispielsweise bei der Aufbewahrung und dem Ausbringen des tierischen Dungs, der Nutzung menschlicher Abfallstoffe, der Wahl der anzubauenden Pflanzen, der Art der Ernährung und dem Munitionsverbrauch. Die mögliche Verbesserung der Versorgung war mit derartigen Massnahmen jedoch begrenzt. An eine Kompensation der enormen kriegsbedingten Defizite war daher ohne eine starke Erhöhung des Stickstoff-Inputs nicht zu denken. Da die Möglichkeit von Importen kriegsbedingt nicht mehr gegeben war und sich zudem die natürliche Stickstoffbindung nur beschränkt steigern liess, blieb letztlich nur die Erhöhung der industriellen Stickstoffproduktion als realisierbare Möglichkeit übrig. Nachdem Art und Funktionsweise der wichtigsten, bei Kriegsbeginn verfügbaren Verfahren bereits ausführlich dargestellt worden sind, soll nun auf der Grundlage der dadurch gewonnenen Erkenntnisse ermittelt werden, welche dieser Systeme für eine Steigerung der deutschen Stickstofferzeugung unter Kriegsbedingungen am ehesten in Frage kamen.

In Abbildung 6 sind die vier zentralen Verfahren grafisch dargestellt. Eingetragen sind auch die zur Produktion erforderlichen Ausgangsstoffe, die unmittelbar erzeugten Produkte sowie die kriegswirtschaftlich relevanten Enderzeugnisse. Die Darstellung lässt deutlich werden, dass grundsätzlich alle der vier gezeigten Verfahren sowohl zur Herstellung von Düngemitteln als auch von Explosivstoffen in Anspruch genommen werden konnten. Ersichtlich ist jedoch auch, dass gewisse Systeme aufgrund der Länge ihres Produktionswegs eher für die Erzeugung von Explosivstoffen geeignet waren, während sich mit anderen am einfachsten Düngemittel herstellen liessen. So konnte beispielsweise mit dem Lichtbogenverfahren am direktesten Salpetersäure gewonnen werden, wohingegen das mittels Hochdruckverfahren oder Trockendestillation erzeugte Ammoniak zunächst in einem zusätzlichen Schritt oxidiert werden musste. Noch aufwändiger war die Herstellung von Salpetersäure aus Calciumcyanamid, da zur Umwandlung von Kalkstickstoff zu Ammoniak ein weiterer energieintensiver Produktionsschritt dazukam. Stand hingegen die Gewinnung von Stickstoffdünger im Zentrum, war das Kalkstickstoffverfahren der mit Abstand direkteste Weg zum Ziel.

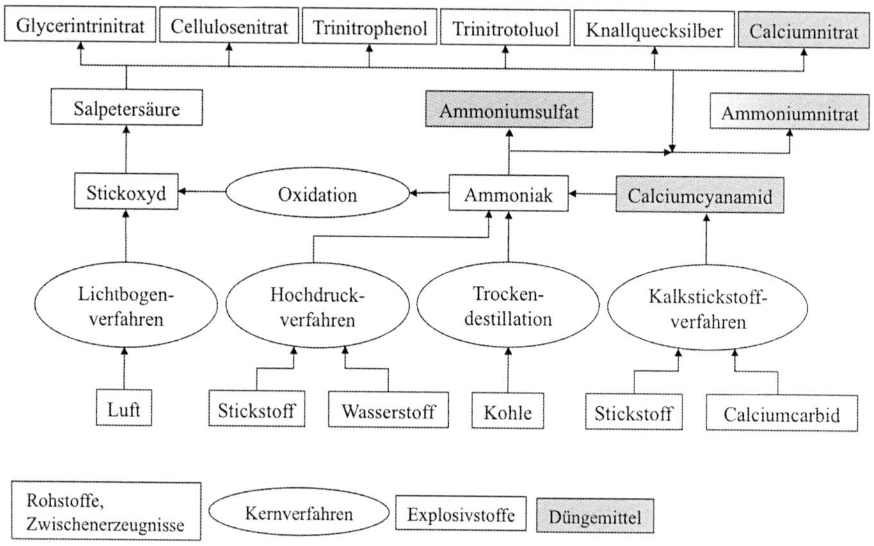

Abb. 6: Übersicht über die wichtigsten industriellen Verfahren und Produktionszusammenhänge in der Stickstoffindustrie

Was die grundsätzliche Eignung der verschiedenen Systeme für eine erhebliche Ausdehnung der deutschen Stickstofferzeugung anbelangt, wiesen zwei dieser Systeme gewichtige Nachteile auf. Am deutlichsten traten diese beim Lichtbogenverfahren hervor, dessen enormer Verbrauch an elektrischer Energie eine Verwirklichung grösserer Anlagen in Deutschland praktisch ausschloss. Beim zweiten Verfahren handelte es sich um die Trockendestillation von Kohle, also um das Verfahren, nach dem mit Abstand der grösste Anteil der deutschen Vorkriegserzeugung an Stickstoffverbindungen gewonnen worden war. Ungeeignet war die Trockendestillation daher, weil Ammoniak in Kokereien und Gaswerken lediglich als *Nebenprodukt* der Gas- und

Koksherstellung anfiel, und weil nicht zu erwarten war, dass sich die Nachfrage nach Koks und nach Stickstoff parallel entwickeln würde.

Die beiden einzigen industriellen Systeme, die für eine grössere Ausdehnung der deutschen Stickstofferzeugung in Frage kamen, waren folglich das Hochdruckverfahren nach Haber-Bosch und das Kalkstickstoffverfahren nach Frank-Caro. Beide wurden in der vorliegenden Arbeit bereits miteinander verglichen, wobei festgestellt werden konnte, dass das Kalkstickstoffverfahren aufgrund der vorgelagerten Carbiderzeugung zwar einen beinahe doppelt so hohen Energieverbrauch aufwies, dass dies jedoch während des Kriegs bezüglich der Herstellung von Düngemitteln keinerlei preisliche Nachteile nach sich zog.[268] Hingegen konnte *Salpetersäure* günstiger auf der Basis des Hochdruckverfahrens hergestellt werden. Finanziell betrachtet lagen die beiden Verfahren also ungefähr gleich auf, wobei je nach gewünschtem Enderzeugnis das eine oder das andere Verfahren ein wenig günstiger ausfiel. Einen konstanten Vorteil wies das Hochdruckverfahren bezüglich des kriegswirtschaftlich besonders bedeutsamen Verbrauchs von Kohle und Elektrizität auf. Umgekehrt hatte sich das Kalkstickstoffverfahren bei Kriegsbeginn bereits seit Jahren bewährt, während das Hochdruckverfahren gerade mal die Versuchsphase verlassen hatte. Die Vor- und Nachteile der beiden in Frage kommenden Verfahren hielten sich zum *damaligen* Zeitpunkt also ungefähr die Waage. Welche Systeme schliesslich tatsächlich verwendet wurden, wird in den folgenden Kapiteln thematisiert.

4.3 Das Einsetzen kriegswirtschaftlicher Massnahmen

Vor Ausbruch des Kriegs wurden in Deutschland – wie bereits erwähnt – trotz der starken Importabhängigkeiten kaum kriegswirtschaftliche Vorsorgemassnahmen getroffen. Die aus heutiger Sicht geradezu erschreckende Untätigkeit der staatlichen Organe wurde auch

---

[268] Wie gezeigt wurde, war eine nach dem Haber-Bosch-Verfahren hergestellte Einheit gebundenen Stickstoffs in Form von Düngemittel *vor* Kriegsausbruch sogar eindeutig teurer als eine nach dem Frank Caro-Verfahren erzeugte Einheit. Siehe auch Waeser, Luftstickstoff-Industrie, 1. Auflage: 35.

zu damaliger Zeit nicht von allen gutgeheissen. Bezeichnenderweise ging die Initiative zur Ergreifung kriegswirtschaftlicher Massnahmen nach Eröffnung des Wirtschaftskriegs von einem Vertreter der Privatwirtschaft aus. Es war der deutsche Grossindustrielle Walther Rathenau, der eigenen Aussagen zufolge „drei Tage nach der Kriegserklärung […] die Ungewissheit [der] Lage nicht länger" ertrug und sich „bei dem Chef des Allgemeinen Kriegsdepartements, dem Oberst Scheüch" meldete.[269] Diesem teilte er seine Befürchtung mit, dass Deutschland „vermutlich nur auf eine beschränkte Reihe von Monaten mit den unentbehrlichen Stoffen der Kriegswirtschaft versorgt sein könne", weshalb ein dringender Handlungsbedarf bestehe.[270] Ganz offensichtlich stiess Rathenau mit seinem Anliegen auf offene Ohren, wurde er doch bereits auf den Morgen des Folgetags in das Büro des preussischen Kriegsministers Erich von Falkenhayn[271] bestellt. Dieser liess sich überzeugen und beauftragte Rathenau sogleich damit, innerhalb des Kriegsministeriums eine Kriegs-Rohstoff-Abteilung (KRA) aufzubauen und zu leiten.[272]

Die KRA nahm am 13. August 1914 die Arbeit auf. Ihre Aufgabe bestand darin, „alle im Inland und […] in den okkupierten feindlichen Gebieten […] zur Zeit vorhandenen militärisch notwendigen Rohstoffe nach Besitzern, Mengen und Lagerorten festzustellen. Ihr Verbrauch soll[te] den militärischen Bedürfnissen entsprechend geregelt […] werden."[273] Damit nahm sich zum ersten Mal überhaupt eine deutsche Behörde der landesweiten Bewirtschaftung kriegswichtiger Rohstoffe an. Wie dem Tagebuch Wichard von Moellendorffs[274] zu entnehmen ist, befasste sich die KRA bereits in den ersten Tagen ihrer Gründung auch mit der „Salpeterversorgung". Offizielle Besprechungen über Chilesalpeter wurden seit dem 19. August 1914 geführt und

---

[269] Rathenau, Rohstoffversorgung: 8.

[270] Rathenau, Rohstoffversorgung: 9.

[271] 1861-1922, preussischer General, 1913 preussischer Kriegsminister, 1914 Chef des Generalstabs des Feldheeres. Siehe Afflerbach, Falkenhayn.

[272] Rathenau, Rohstoffversorgung: 10.

[273] Zitiert aus dem Nachlass Rathenau in Hecker, Rathenau: 212.

[274] Der Diplomingenieur der AEG und Freund Rathenaus machte diesen schon vor dessen Intervention im Kriegsministerium auf die problematische Versorgungslage aufmerksam. Moellendorff wurde daher von Beginn weg zur Mitarbeit in der KRA beigezogen. (Hecker, Rathenau: 202.)

hatten die Durchführung einer „Spezialenquete" zur Folge.[275] Ebenfalls in die zweite Hälfte des Monats August fielen die ersten vereinzelten Beschlagnahmungen von Salpeter.[276]

Es ist also festzuhalten, dass im ersten Kriegsmonat innerhalb des Kriegsministeriums erstmals eine Behörde geschaffen wurde, die sich explizit der Versorgung Deutschlands mit Stickstoffverbindungen annahm. Dass bereits kurz nach der Gründung der KRA eine Spezialenquete für Salpeter durchgeführt wurde, zeigt zudem, dass offensichtlich ein Bewusstsein für die besondere kriegswirtschaftliche Relevanz gewisser Stickstoffverbindungen vorhanden war. Konkrete Auswirkungen auf die Versorgung konnten im Gründungsmonat allerdings noch nicht erzielt werden, da die Kräfte der KRA einerseits durch den Aufbau von Organisationsstrukturen gebunden waren und da sich die KRA andererseits vorerst einen Überblick über die tatsächliche Versorgungslage verschaffen musste. Rathenau ordnete daher als Erstes die Erstellung umfangreicher Statistiken an.[277] Abgesehen davon konnte im August 1914 an der militärischen Front noch immer ein Bewegungskrieg geführt werden, weshalb nach wie vor mehrheitlich von einer kurzen Kriegsdauer ausgegangen wurde.[278]

---

[275] Tagebuch Moellendorff: 81-82.
[276] Tagebuch Moellendorff: 82.
[277] Rathenau, Rohstoffversorgung: 12-13.
[278] Chickering, Reich: 40.

5 Vom Bewegungs- zum Stellungskrieg

Im August 1914 befanden sich die französischen und die britischen Truppen auf dem Rückzug. Diese Lage änderte sich in den ersten Septembertagen jedoch grundlegend, nachdem ein Gegenangriff der französischen Armee und des britischen Expeditionskorps das deutsche Heer zum Stillstand gebracht hatte.[279] Die äusserst blutige, sogenannte „erste Marneschlacht“ führte dazu, dass die deutsche Offensive auf dem gesamten rechten Flügel eingestellt werden musste.[280] Der ursprüngliche deutsche Operationsplan war somit gescheitert. Auch spätere Versuche, die alliierten Streitkräfte zu flankieren, blieben erfolglos und führten letztlich zur Bildung einer geschlossenen, rund 700 Kilometer langen Front, die von der Schweizer Grenze bis zur belgischen Küste reichte.[281] Im Westen war der Bewegungskrieg damit zu einem Stellungskrieg geworden.

5.1 Die erste Marneschlacht als Zäsur in der deutschen Kriegswirtschaft

5.1.1 Die Potenzierung von Kriegsdauer und Munitionsbedarf

Sowohl für die deutsche Kriegswirtschaft im Allgemeinen als auch für die Versorgung mit Stickstoffverbindungen im Besonderen hatten die neuen Verhältnisse an der militärischen Front einschneidende Konsequenzen. Zum einen wurde deutlich, dass die ursprünglich prognostizierte Kriegsdauer von neun Monaten utopisch war. Zum anderen zeigte sich, dass die Truppe weitaus grössere Munitionsmengen verbrauchte, als geplant war.

Was die vermutete Dauer des Kriegs betrifft, kann anhand der Quellen zwar festgestellt werden, dass die ursprünglichen Prognosen gegen Ende des Jahres 1914 nach oben korrigiert wurden. Verglichen

---

[279] Chickering, Reich: 40.
[280] Becker, Marne: 699.
[281] Chickering, Reich: 41.

mit der tatsächlichen Kriegsdauer erwiesen sich aber auch diese neuen Schätzungen als viel zu optimistisch.[282] Viel wesentlicher als eine realistische Einschätzung der Kriegsdauer war jedoch die Tatsache, dass die Behörden grundsätzlich zur Einsicht gelangten, dass der Krieg nicht mehr einzig auf Basis der vorhandenen Produktion und Vorräte „durchgehalten" werden konnte, sondern dass zusätzliche kriegswirtschaftliche Massnahmen ergriffen werden mussten. Gefördert wurde diese Erkenntnis auch durch die erwähnte enorme Zunahme des Munitionsbedarfs. Gemäss einer Reichstagsakte des Jahres 1919 wurde der vorgesehene Munitionsbedarf im Dezember 1914 für Feldkanonen um den Faktor *vier* und für leichte Feldhaubitzen gar um den Faktor *fünf* überschritten.[283] Zur Veranschaulichung schreibt Otto Goebel, dass „an einem einzigen Schlachttag" mehr Munition verfeuert worden sei „als im ganzen Krieg 1870/71."[284] Die Differenz zwischen Verbrauch und Nachschub führte schliesslich zu einer Munitionskrise: „Von allen Seiten gellte schon nach wenigen Tagen der Notschrei der Truppe nach Munition, Munition und immer wieder Munition."[285] Es ist bekannt, dass es sich dabei nicht um ein ausschliesslich deutsches Phänomen handelte; vielmehr hatten „alle kriegführenden" Mächte mit einer Munitionskrise zu kämpfen.[286] Ganz im Gegensatz zu den Alliierten hatte Deutschland jedoch das grundlegende Problem, dass es nicht über die für eine ausgedehnte Mehrproduktion erforderlichen Rohstoffe verfügte. Wie bereits dargelegt wurde, war zur Erzeugung sämtlicher für Kriegszwecke brauchbarer Explosivstoffe Chilesalpeter vonnöten – und der konnte aufgrund der Blockade nicht mehr eingeführt werden.

---

[282] In einem Schreiben des Landwirtschaftsministeriums wird beispielsweise davon ausgegangen, dass der Krieg bis „Ende 1915" dauern würde. (BArch R 43 2466 a: 3.11.1914 – Schreiben des Ministeriums für Landwirtschaft, Domänen und Forsten an den Reichskanzler, Grosses Hauptquartier: 5.)
[283] BArch MA PH 2 86: April 1919 – Reichstagsmaterial, betrifft Schrift von Georg Gethein „Warum verloren wir den Kriege?": 2.
[284] Goebel, Rohstoffwirtschaft: 19.
[285] Justrow, Krieg: 74.
[286] Thoss, Munitionskrise.

5.1.2 *Lernprozesse und Etablierung kriegswirtschaftlicher Massnahmen*

Wie der Zeitzeuge Alwin Mittasch berichtet, lösten die militärischen Ereignisse in der deutschen Führung „Bestürzung und Beklemmung“ sowie eine „fieberhafte Aufregung“ aus. Es tauchte sogar das Schreckgespenst einer „erzwungenen Ergebung aus Munitionsmangel“ auf.[287] Auch in der KRA wurde man sich der Tatsache bewusst, dass die bisherigen Berechnungen falsch waren. Weder reichte der im Inland vorrätige Salpeter zur Deckung eines 14-monatigen Bedarfs aus, noch konnte damit gerechnet werden, dass der Krieg innerhalb dieser Zeitspanne zu Ende gehen würde.[288]

Es weist alles darauf hin, dass in dieser Phase des Kriegs ein Lernprozess einsetzte, in dessen Rahmen auch der dringende Handlungsbedarf bezüglich der deutschen Salpeterversorgung deutlich wurde. So konnte bereits gegen Ende der eigentlichen Marneschlacht eine allgemeine „Beschlagnahme von Salpeter und Salpetersäure eingeleitet werden.“[289] Am 17. September 1914 wurde in einer Konferenz der KRA mit Vertretern der militärischen Beschaffungsämter, der Sprengstoffindustrie, der Grosschemie und einiger Düngerfabriken zudem erstmals eingestanden, dass ein „Salpeterproblem“ bestehe und dass zu dessen Behebung der fehlende Chilesalpeter durch inländische Produktion ersetzt werden müsse.[290] Ausserdem wurde die Gründung einer Kriegschemikalien AG (KCA) beschlossen, die die Arbeit der KRA unter Beteiligung privater Unternehmen unterstützen sollte. Die Kompetenzen dieser Gesellschaft beschränkten sich jedoch auf den privaten Bereich.[291]

Fazit: Die militärischen Ereignisse rund um die Marneschlacht wirkten sich in zweifacher Hinsicht auf die deutsche Versorgung mit Stickstoffverbindungen aus: *Erstens* wurde mit dem Stickstoffbedarf der Streitkräfte einer der vier kriegsbedingten negativen Einflussfaktoren der deutschen Stickstoffversorgung in seiner Wirkung vervielfacht. *Zweitens* wurde deutlich, dass der Krieg vermutlich länger andauern

---

[287] Mittasch, Salpetersäure: 110.
[288] Rathenau, Rohstoffversorgung: 35.
[289] Tagebuch Moellendorff: 87.
[290] Tagebuch Moellendorff: 88.
[291] Roth, Staat: 152.

würde, als prognostiziert worden war, und dass er daher mit den wenigen verfügbaren Munitions- und Salpetervorräten nicht hätte überstanden werden können.

5.2 Produktionssteigerungen in der deutschen Stickstoffwirtschaft

In der vorliegenden Arbeit wurde bereits aufgezeigt, dass zur Verbesserung der deutschen Versorgung mit Stickstoffverbindungen eine ganze Reihe verschiedener Massnahmen in Frage kam. Viele davon wurden in irgendeiner Form auch anzuwenden versucht. Die Artillerie erhielt beispielsweise den Befehl, mit der Munition sparsam umzugehen und den „Artilleriekampf auf grössere Distanzen" einzuschränken.[292] Auch in der Landwirtschaft wurden diverse Schritte, wie etwa die Förderung der natürlichen Stickstofffixierung durch Klee- und Lupinienanbau, in die Wege geleitet.[293] Doch wie gesagt war die Wirkung dieser effizienzsteigernden oder verbrauchsmindernden Massnahmen begrenzt, weshalb sie nicht annähernd zur Kompensation der ausgefallenen Importe und des enormen Munitionsverbrauchs geeignet waren. Mit kriegswirtschaftlichen Zwangsmitteln wie der Beschlagnahmung konnte die Versorgung einzelner, besonders wichtiger Wirtschaftszweige wie der Explosivstoffindustrie zwar vorübergehend verbessert werden. Auf die deutsche Gesamtversorgung mit Stickstoffverbindungen hatten derartige Umverteilungen jedoch keinen Einfluss. Viel wichtiger war daher so rasch wie möglich eine Erweiterung der industriellen Produktion in Angriff zu nehmen.

5.2.1 Ersatz des Chilesalpeters für die Explosivstofffertigung

Eine ausreichende Versorgung mit Stickstoffverbindungen definiert sich nicht nur durch eine ausgeglichene Gesamtbilanz an gebun-

---

[292] Stein, Entstehung: 20.
[293] Aereboe, Einfluss: 46.

denem Stickstoff. Vielmehr muss auch die Deckung des Bedarfs an spezifischen Arten von Stickstoffverbindungen berücksichtigt werden. Dies gilt in ganz besonderem Masse in Kriegszeiten, da zur Herstellung von militärischen Explosivstoffen bekanntlich Salpetersäure erforderlich ist. Zwar wurde während des Ersten Weltkriegs auch die Produktion *stickstofffreier* Chlorat- und Perchloratsprengstoffe aufgenommen. Diese erwiesen sich jedoch als höchst instabil und gefährlich, weshalb sie hauptsächlich für zivile Zwecke und in den Streitkräften nur für wenige spezielle Munitionssorten sowie als Streckmittel verwendet wurden.[294] Salpetersäure blieb daher während des ganzen Kriegs eine für die Explosivstofffertigung unverzichtbare, ja entscheidende Schlüsselressource. Dies bestätigen auch Unterlagen des Kriegsministeriums aus dem Jahr 1915, in denen die Verfügbarkeit über Salpetersäure als einer der massgebenden Faktoren für die Steigerung der Munitionserzeugung bezeichnet wurde.[295] Auch die Bedeutung des *Chilesalpeters* bestand für die Explosivstoffproduktion lediglich darin, dass er mit Schwefelsäure zu Salpetersäure umgesetzt werden konnte. Folglich stand bei der Frage nach dem *Ersatz* des Chilesalpeters für militärische Zwecke nicht etwa die Suche nach einer gleichwertigen *Ersatzchemikalie,* sondern eines *Ersatzverfahrens* zur Gewinnung von Salpetersäure im Zentrum.

Wie im Rahmen der Darstellung der wichtigsten industriellen Verfahren und Produktionszusammenhänge in der Stickstoffwirtschaft bereits aufgezeigt wurde, kamen zur Herstellung von Salpetersäure zwei grundsätzliche Arten von Ersatzverfahren in Betracht (siehe Abb. 6). Während das direktere Lichtbogenverfahren den gewichtigen Nachteil eines hohen Elektrizitätsverbrauchs aufwies, erforderte die Oxidation von Ammoniak nur geringe Mengen an Energie. Dies war auch der KRA bekannt, weshalb am 28./29. September 1914 grundsätzlich beschlossen wurde, „auf dem Wege der Ammoniakoxidation

---

[294] BArch MA MSg 2 760 a: 1933 – Für welche Werkstoffe mussten Ersatzstoffe verwendet werden? Fabrikatorische Erfahrungen damit, im Besonderen mit Eisen, Zink, Elektron für Zünder, Artillerie- und Infanteriehülsen, mit den Ersatzstoffen für Pulver, Sprengstoffe. II. Teil (Pulver und Sprengstoffe), verfasst vom Reichsarchiv: 154.

[295] BArch MA PH 3 509: 8.9.1915 – Schreiben des Kriegsministeriums über die Munitionsfertigung an den Chef des Feldmunitionswesens im Grossen Hauptquartier: 7.

zu synthetischem Salpeter zu gelangen."[296] Im Rahmen des sogenannten „Salpeterprogramms" wurde im Folgemonat sogleich Kontakt mit chemischen Unternehmen wie der BASF, den Höchster Farbwerken, der Frank-Caro-Gruppe und der Zeche Lothringen aufgenommen, um das weitere Vorgehen zur Ausdehnung der Produktion zu besprechen.[297] Das zentrale Problem bestand darin, dass zu Beginn des Kriegs erst *eine einzige,* und erst noch kleinere Oxidationsanlage in Betrieb war. Diese von der Zeche Lothringen in Gerthe betriebene Fabrik wies mit einer Verarbeitung von 25 t Ammoniakgas pro Monat eine praktisch vernachlässigbare Kapazität auf.[298] Die zum Ersatz des Chilesalpeters erforderlichen Fabrikanlagen mussten folglich erst gebaut werden. Angesichts der stetig und rapide schwindenden Munitions- und Salpetervorräte stellte dies eine enorme zeitliche Herausforderung dar. Schliesslich musste die neu aufzubauende Industrie in Betrieb sein, bevor die Vorräte aufgezehrt waren. Es wurde davon ausgegangen, dass der Krieg andernfalls bereits im Herbst 1915 „aus Munitionsmangel verloren gewesen" wäre.[299] Seit Oktober 1914 wurden daher diverse chemische Unternehmen vertraglich zur schnellstmöglichen Errichtung von Oxidationsanlagen verpflichtet. An den Baukosten der Fabriken beteiligte sich das Kriegsministerium mit „durchschnittlich 400.- M[ar]k. für 1 Jahrestonne Säurestickstoff".[300] Im Gegenzug ging die produzierte Säure zum Selbstkostenpreis ins Eigentum der Heeresverwaltung über. Am bereits bestehenden Werk in Gerthe beteiligte sich das Deutsche Reich zu 50% und wirkte unter Gewährung diverser Darlehen auf eine Ausdehnung der Produktion hin.[301]

Einige der neuen Fabriken konnten die Produktion schon nach sechs bis acht Monaten aufnehmen.[302] Dass die entsprechenden Anlagen regelrecht aus dem Boden gestampft wurden, lässt sich beispiels-

[296] Tagebuch Moellendorff: 91.
[297] Tagebuch Moellendorff: 91.
[298] Waeser, Luftstickstoff-Industrie, 1. Auflage: 46.
[299] BArch R 8729 64: 1916 – Diehl, Th., Entwurf eines Berichts über Toluol, Stickstoff, Schwefel, etc.: 7.
[300] BArch R 8729 64: 1916 – Diehl, Th., Entwurf eines Berichts über Toluol, Stickstoff, Schwefel, etc.: 9.
[301] Waeser, Luftstickstoff-Industrie, 2. Auflage: 32.
[302] BArch R 8729 64: 1916 – Diehl, Th., Entwurf eines Berichts über Toluol, Stickstoff, Schwefel, etc.: 10.

weise anhand der von Mittasch beschriebenen Bauphase der BASF in Oppau aufzeigen. Dort erfolgte die provisorische Inbetriebnahme eines ersten kleinen Teilsystems sogar bereits anfangs Februar 1915, also nach weniger als vier Monaten.[303] Gewisse Anlagen wurden also in der Not noch vor ihrer eigentlichen Vollendung in Betrieb gesetzt.

Nebst der BASF und der Zeche Lothringen beteiligten sich auch zahlreiche andere chemische Fabriken – wie Bayer, Hoechst, Agfa, Griesheim-Elektron oder Knapsack – an der Salpetersäureproduktion. In dieser Arbeit wird jedoch darauf verzichtet, genauer auf die einzelnen Unternehmen einzugehen. Stattdessen soll der Frage nachgegangen werden, wie sich die *Gesamtproduktion* in den ersten Kriegsjahren entwickelte. Glücklicherweise blieb hierzu ein Bericht der KCA mit erstaunlich kontinuierlichem Datenmaterial erhalten.[304] Die entsprechenden Zahlen sind in Anhang 4 wiedergegeben und in Abbildung 7 grafisch dargestellt.

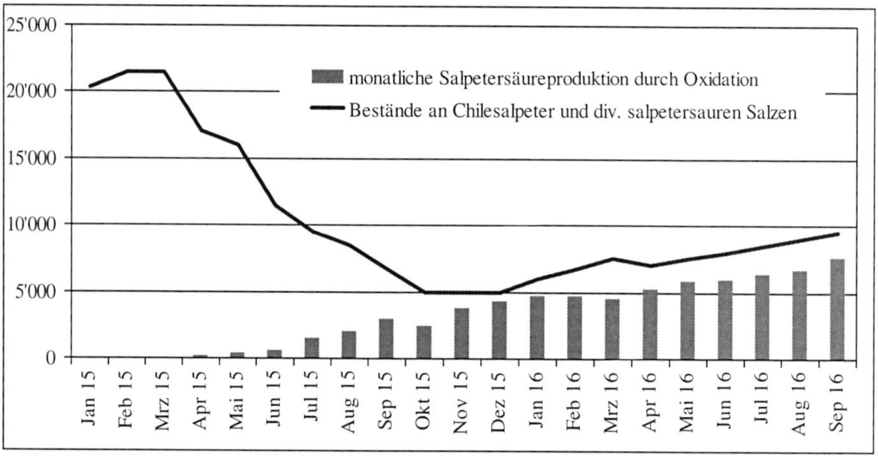

Abb. 7: Deutsche Salpeterbestände und monatliche Salpetersäureproduktion durch Oxidation in den Jahren 1915 und 1916 in Tonnen Stickstoff[305]

[303] Mittasch, Salpetersäure: 120.
[304] BArch R 8729 65: 1916 – Diehl, Th., Bericht über Chemikalien mit 14 Anlagen.
[305] Datenquelle: Anhang 4.

Angestrebt wurde im Herbst 1914 der Aufbau einer Salpetersäureproduktion von monatlich 4'300 t Stickstoff. Als dieser Wert im Dezember 1915 erreicht wurde, war das Soll aufgrund des stetig zunehmenden Munitionsverbrauchs bereits auf 6'600 t Stickstoff erhöht worden. Seit dem Beginn des Jahres 1916 wurde sogar eine monatliche Erzeugung von 9'500 t Stickstoff anvisiert.[306] Zur Entwicklung der Produktion lässt sich feststellen, dass diese exakt in dem Zeitraum einen grösseren Umfang anzunehmen begann, als die Vorräte an Chilesalpeter auszugehen drohten. Seit dem Herbst 1915 konnte der Grundbedarf der deutschen Explosivstoffindustrie an Salpetersäure durch die inländische Produktion gedeckt und der Krieg somit fortgesetzt werden.

Beim zweiten industriellen Verfahren, mit welchem die Erzeugung von Salpetersäure grundsätzlich möglich war, handelte es sich um das Lichtbogenverfahren. Im Gegensatz zur Ammoniakoxidation ermöglichte dieses Verfahren die Salpetersäure relativ direkt aus dem Stickstoff der Luft zu erzeugen. Folglich war dazu keine Zufuhr von Ammoniak erforderlich. Der Nachteil des enormen Energieverbrauchs übertraf diesen Vorteil jedoch deutlich, weshalb sich die KRA im Grundsatz gegen dieses System entschied. Unter dem starken Druck, den Salpeterbedarf der Streitkräfte so rasch als möglich decken zu müssen, blieb diese Regelung dennoch nicht ohne Ausnahme. Tatsächlich nahmen im Dezember 1915 eine Salpetersäurefabrik in Rhina und im März 1916 eine weitere in Zschornewitz, die beide nach dem Prinzip der elektrischen Entladung arbeiteten, ihren Betrieb auf. Sie verdankten ihre Existenz der staatlichen Unterstützung.[307] Offensichtlich war die Notlage bezüglich der Versorgung mit Salpetersäure dermassen gross, dass die KRA nicht einmal auf die Finanzierung ineffizienter Verfahren verzichten konnte. Gemäss einem KCA-Bericht aus dem Jahr 1916 war ursprünglich für die zwei Fabriken eine Gesamtproduktion vorgesehen, die 400 Jahrestonnen Stickstoff entsprach. In der Tat blieben die beiden Werke jedoch mit ihren Lieferungen „stark im

---

[306] BArch R 8729 64: 1916 – Diehl, Th., Entwurf eines Berichts über Toluol, Stickstoff, Schwefel, etc.: 10.

[307] BArch R 8729 287: 23.11.1916 – Bericht von Leutnant Holm der KCA über Besuche bei den Werken Zschornewitz und Rhina: 1.

Rückstand".[308] Zudem wurde im Juni 1917 mit Zschornewitz die grössere der beiden Fabriken durch eine schwere Explosion vollständig zerstört. Das Lichtbogenverfahren hat daher im Rahmen der deutschen Inlandproduktion nie eine wesentliche Rolle gespielt.[309]

5.2.2 Die Erhöhung der Zufuhr primärer Stickstoffverbindungen

Mit der schnellen und massiven Ausdehnung des Produktionsapparats zur Oxidation von Ammoniak wurde das „Salpeterproblem" innert weniger Monate entschärft. Die Explosivstofferzeugung konnte aufrechterhalten, der Krieg weitergeführt werden. Zur Lösung der deutschen „Stickstofffrage" trug dies jedoch in keiner Weise etwas bei. Da das von der KRA initiierte Programm zur Steigerung der Ammoniakoxidation *keine* Erhöhung der Erzeugung der Ausgangssubstanz Ammoniak beinhaltete, musste dieses aus der bereits bestehenden Produktion bezogen werden. Die Oxidationsanlagen schufen folglich nicht ein Mehr an Stickstoffverbindungen, sondern wandelten lediglich die eine Art von Stickstoffverbindung in eine andere Art um. Da den Bedürfnissen der Explosivstofffertigung aus militärischen Gründen Priorität eingeräumt wurde, führte die Erhöhung der Produktion von Salpetersäure schliesslich zu einer massiven Einschränkung der Versorgung der Landwirtschaft.[310] Der in Abbildung 5 dargestellte, negative Faktor „N-Bedarf Streitkräfte" wirkte sich durch den Ausbau der Salpetersäureerzeugung folglich erst recht negativ auf die Gesamtversorgung aus. Eine Verbesserung der Lage konnte nur durch einen neuen Stickstoffinput, eine Erweiterung der industriellen Produktion von primären Stickstoffverbindungen wie Ammoniak oder Kalkstickstoff, erreicht werden.

---

[308] BArch R 8729 287: 23.11.1916 – Bericht von Leutnant Holm der KCA über Besuche bei den Werken Zschornewitz und Rhina: 1.

[309] Waeser, Luftstickstoff-Industrie, 2. Auflage: 35.

[310] BArch R 2 43041: März 1916 – Denkschrift des Ministeriums für Landwirtschaft, Domänen und Forsten an den Reichskanzler (Reichsschatzamt) über die Wirkungen des Krieges auf die landwirtschaftliche Produktion Deutschlands und seiner Verbündeten: 5.

5.2.2.1 Die Trockendestillation von Kohle

Wie in Abbildung 4 ersichtlich ist, erfolgte in der Vorkriegszeit ein Grossteil der Inlandproduktion von Stickstoffverbindungen mittels Trockendestillation von Kohle. Hinsichtlich einer Erhöhung der Inlanderzeugung wurde bereits an anderer Stelle darauf verwiesen, dass Ammoniak in Kokereien und Gaswerken lediglich als *Nebenprodukt* anfiel. Die Möglichkeit einer Ausdehnung der Produktion wurde daher als problematisch eingestuft. Diese Einschätzung erwies sich auch in der Realität des Kriegs als korrekt, nahm doch der Ammoniakausstoss ab 1914 laufend ab. Im Vergleich zum Jahr 1913 reduzierte er sich bis 1918 sogar um rund 50%.[311] Diese in Abbildung 8 grafisch dargestellte Entwicklung lässt sich zumindest teilweise auf eine rückläufige Koksproduktion zurückführen, die wiederum durch die Roheisenerzeugung beeinflusst wurde. Einzig im Jahr 1917 erreichten zumindest die Kokereien kurzfristig wieder das Vorkriegsniveau; ansonsten blieb die Koks- und die Roheisenerzeugung während des gesamten Kriegs unter dem Produktionsumfang des Jahres 1913.[312]

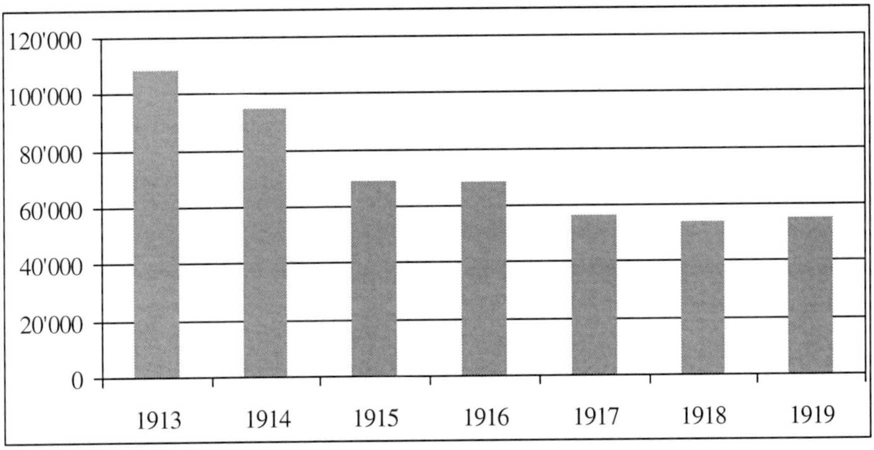

Abb. 8: Ammoniakausstoss der deutschen Kokereien und Gaswerke in den Jahren 1913 bis 1919 in Tonnen Stickstoff[313]

---

[311] Siehe Anhang 5.
[312] Siehe Anhang 6.
[313] Datenquelle: Anhang 5.

Insgesamt trug also die Ammoniakgewinnung aus den Kokereien und Gaswerken während des gesamten Kriegs in *keinerlei Weise* dazu bei, die weggefallenen Importe oder gar den Mehrbedarf der Streitkräfte zu kompensieren. Stattdessen führte der Rückgang der Produktion zu einer weiteren Verschlechterung der Versorgung mit Stickstoffverbindungen, die es zusätzlich zu den bereits behandelten Negativfaktoren auszugleichen galt.

5.2.2.2 *Der Ausbau bestehender Werke zur Fixierung von Luftstickstoff*

Nachdem sich weder das Lichtbogenverfahren noch die Trockendestillation von Kohle für eine Erhöhung der Inlandproduktion als geeignet herausgestellt hatten, kamen letztlich nur das Hochdruck- und das Kalkstickstoffverfahren in Betracht. Zusammengerechnet hatten diese beiden Verfahren an der Deckung des deutschen Vorkriegsverbrauchs einen Anteil von lediglich 8% gehabt, den es nun zu vervielfachen galt.[314]

Während der Aufbau der Salpetersäureindustrie mit der KRA von einer Abteilung des Kriegsministeriums vorangetrieben wurde, war es bei der Steigerung der Ammoniak- und Kalkstickstoffproduktion bezeichnenderweise das Preussische Ministerium für Landwirtschaft, Domänen und Forsten, das die Initiative ergriff. Es tat dies mit gutem Grund, zeichnete sich doch – aufgrund des wachsenden prioritären Stickstoffbedarfs der Streitkräfte – eine immer schwerere Beeinträchtigung der Versorgung der Landwirtschaft ab. Dies geht beispielsweise aus dem Protokoll einer Sitzung im Ministerium für Landwirtschaft, Domänen und Forsten vom 20. Oktober 1914 deutlich hervor.[315] Im Rahmen dieser Beratung, an der Vertreter diverser Ministerien, der Stickstoff- und Elektrizitätswerke sowie der Deutschen Bank teilnahmen, wurde daher auch diskutiert, welche industriellen Verfahren für eine Verwirklichung von Produktionssteigerungen in

---

[314] Siehe Anhang 3.

[315] BArch R 43 2466 a: 20.10.1914 – Protokoll der Sitzung im Ministerium für Landwirtschaft, Domänen und Forsten: 1-2, 6-7.

Frage kämen, wie schnell neue Anlagen gebaut werden könnten, was diese kosten würden und ob sie nach Kriegsende konkurrenzfähig wären. Zur Finanzierung äusserte sich Geheimrat Ramm als Vertreter des Landwirtschaftsministeriums unmissverständlich: „Er sei [...] persönlich der Meinung, dass die ganze Stickstofffrage vom Staate in die Hand genommen werden müsse."[316] Von den beiden industriellen Verfahren gab er eindeutig der Azotierung von Calciumcarbid den Vorrang. Zwar räumte Ramm ein, dass das Hochdruckverfahren „vielleicht mit der Zeit billiger [arbeite] als das Caro'sche". „Die Anlagen seien aber sehr kostspielig und erforderten mindestens 2 Jahre Bauzeit. Geheimrat Haber habe deshalb selbst [...] den Rat erteilt, die Kalkstickstoffproduktion [...] zu vermehren, weil sie geringere Aufwendungen erfordere und schneller zu bewirken sei."[317] Die Sitzung wurde mit der Zusage der Kalkstickstoffindustrie, dem Landwirtschaftsministerium innert acht Tagen einen Vorschlag zur Steigerung der Produktion einzureichen, geschlossen.[318]

In einer daraufhin vorgelegten, gemeinsamen Denkschrift der AG für Stickstoffdünger und der Bayrischen Stickstoff-Werke AG schlugen die beiden Produzenten eine Erweiterung ihrer Kalkstickstofferzeugung von inzwischen rund 14'000 Jahrestonnen gebundenen Stickstoffs in zwei Schritten vor. Zuerst sollte eine Steigerung auf 45'000 t und anschliessend sogar auf 64'000 t Stickstoff erfolgen. Bis zur Inbetriebnahme der Anlagen wurde eine Bauzeit von acht Monaten vorausgesagt.[319] Als Bedingung verlangte die Industrie staatliche Darlehen von insgesamt 60 Millionen Mark und eine 15-jährige staatliche Abnahmegarantie zu festen Preisen.[320] Nicht zuletzt aufgrund der kur-

---

[316] BArch R 43 2466 a: 20.10.1914 – Protokoll der Sitzung im Ministerium für Landwirtschaft, Domänen und Forsten: 6.
[317] BArch R 43 2466 a: 20.10.1914 – Protokoll der Sitzung im Ministerium für Landwirtschaft, Domänen und Forsten: 11.
[318] BArch R 43 2466 a: 20.10.1914 – Protokoll der Sitzung im Ministerium für Landwirtschaft, Domänen und Forsten: 17.
[319] BArch R 43 2466 a: 3.11.1914 – Denkschrift der Aktien-Gesellschaft für Stickstoffdünger und der Bayrischen Stickstoff-Werke Aktien-Gesellschaft im Anhang eines Schreibens des Ministeriums für Landwirtschaft, Domänen und Forsten an den Reichskanzler (Grosses Hauptquartier): 7-8.
[320] BArch R 43 2466 a: 3.11.1914 – Denkschrift der Aktien-Gesellschaft für Stickstoffdünger und der Bayrischen Stickstoff-Werke Aktien-Gesellschaft im Anhang

zen Bauzeit, die es ermöglicht hätte, die zusätzliche Produktion bereits für die Ernte des Jahres 1916 als Dünger zu verwenden, liess sich das Landwirtschaftsministerium von den Vorschlägen überzeugen.[321] Das Ansinnen stiess jedoch auf die Opposition des Preussischen Finanzministeriums, das sich stets gegen jede Art von staatlicher Abnahmegarantie zur Wehr setzte.[322] Zudem wurde die Eignung von Calciumcyanamid zum vorgesehenen Zweck von dieser Behörde grundsätzlich in Frage gestellt.[323] Der gemeinsame Vorschlag der Vertreter der Kalkstickstoffindustrie wurde daher abgelehnt.

In der Folge strebte das Landwirtschaftsministerium Verträge *ohne* staatliche Abnahmegarantien an und war mit diesem Ansinnen sowohl bei der BASF als auch bei der AG für Stickstoffdünger erfolgreich. Wie anderweitig schon erwähnt wurde, hatte die nach dem Hochdruckverfahren arbeitende BASF bereits vor Kriegsbeginn beschlossen, ihre Produktion in Ludwigshafen auf eigene Kosten von 7'000 auf 26'000 Jahrestonnen gebundenen Stickstoffs zu erhöhen.[324] In einem neuen Vertrag mit dem Preussischen Staat verpflichtete sie sich im Dezember 1914 zu einer weiteren Erhöhung um 30'000 t Stickstoff, wozu ein staatliches Darlehen gewährt wurde.[325] Zu gleichen Konditionen verpflichtete sich die nach dem Kalkstickstoffverfahren arbeitende AG für Stickstoffdünger, ihre Produktion in Knapsack von bisher 5'000 auf neu 20'000 Jahrestonnen gebundenen

---

eines Schreibens des Ministeriums für Landwirtschaft, Domänen und Forsten an den Reichskanzler (Grosses Hauptquartier): 13-14.

[321] BArch R 43 2466 a: 3.11.1914 – Schreiben des Ministeriums für Landwirtschaft, Domänen und Forsten an den Reichskanzler (Grosses Hauptquartier): 4-5.

[322] BArch R 43 2466 a: 24.12.1914 – Schreiben von Direktor von Gwinner der Deutschen Bank: 5.

[323] BArch R 2 43039: 29.12.1914 – Schreiben des Finanz-Ministers an den Präsidenten des Staatsministeriums und an sämtliche Staatsminister betreffend Schreiben des Ministers für Landwirtschaft, Domänen und Forsten wegen Beschaffung von Stickstoffdünger: 2.

[324] BASF B 4 457: 5.5.1915 – Fischer, Emil, Nr. 4. Einführung eines Stickstoff-Handelsmonopols – Nr. 47 der Drucksachen – Reichstag. 13. Legislatur-Periode. II. Session 1914/15. 7. Kommission. An den Vorsitzenden der Reichstagskommission zur Beratung des Stickstoffmonopols Herrn Abg. E. Wurm: 2.

[325] BArch R 2 43039: 31.12.1914 – Protokoll der Sitzung des Königlichen Staatsministeriums: 2.

Stickstoffs zu steigern.[326] Im Gegensatz zu den beiden genannten Firmen beharrte die Bayrische Stickstoffwerke AG jedoch auf einer sechsjährigen staatlichen Abnahmegarantie bei einer allfälligen Vergrösserung ihrer Kalkstickstoffproduktion in Trostberg.[327] Ein Vertrag kam daher nicht zustande.

Um mit der Bayrischen Stickstoffwerke AG schliesslich doch noch eine Einigung zu erzielen, strebte das Preussische Staatsministerium einen Kompromiss an. Dieser sah anstelle der ursprünglich vorgesehenen, rein staatlichen Abnahmegarantie die Gründung einer Absatzgesellschaft vor, an der sich der Staat zu 75%, die Deutsche Bank zu 10% und die landwirtschaftlichen Interessensverbände zu 15% beteiligen sollten.[328] Nebst der BASF, die mit der Bayrischen Stickstoffwerke AG ohnehin in einem starken Konkurrenzverhältnis stand, blieb insbesondere auch der Protest des Preussischen Finanzministeriums an der staatlichen Beteiligung ungebrochen.[329] Der Finanzminister forderte u.a., dass der Preussische Staat die ganze Angelegenheit dem Deutschen Reich übergeben solle.[330] Einem Protesttelegramm der BASF nach zu urteilen, ging dieser Wunsch bereits Ende Januar 1915 in Erfüllung.[331] Die Verhandlungen mit der Bayrischen Stickstoffwerke AG galten von diesem Zeitpunkt an als Reichssache.

5.2.2.3 Die Errichtung von Staatsbetrieben

Wie schon das Preussische Finanzministerium zuvor lehnte auch das Reichsschatzamt die von der Bayrischen Stickstoffwerke AG geforderte Übernahme einer Absatzgarantie kategorisch ab.[332] Auf Initia-

[326] BArch R 2 43039: 31.12.1914 – Protokoll der Sitzung des Königlichen Staatsministeriums: 2.
[327] BArch R 43 2466 a: 24.12.1914 – Vertragsentwurf Nr. 1 in der Beilage des Schreibens von Direktor von Gwinner der Deutschen Bank.
[328] BArch R 43 2466 a: 7.1.1915 – Telegramm des stellvertretenden Reichskanzlers an den Reichskanzler: 2.
[329] BASF T 14 1: 25.1.1914 – Telegramm der BASF an Excellenz Engler.
[330] BArch R 2 43039: 18.1.1915 – Protokoll der Sitzung des Königlichen Staatsministeriums: 6-7, 12.
[331] BArch R 43 2466 a: Januar 1915 – Telegramm der BASF an den Reichskanzler.
[332] Helfferich, Weltkrieg: 119.

tive des neuen Staatssekretärs des Reichsschatzamts Karl Helfferich[333] konnte aus der verfahrenen Situation aber dennoch ein Ausweg gefunden werden. Anstelle der Gewährung von staatlichen Darlehen wurde die Bayrische Stickstoffwerke AG dazu beauftragt, *auf Kosten des Reichs* zwei eigenständige neue Kalkstickstofffabriken zu bauen und diese Staatsbetriebe anschliessend auch zu betreiben.[334] Gemäss Vertrag vom 5. März 1915 erhielt die Firma im Gegenzug Entschädigungen in der Höhe von 7.5% der Baukosten, 25% des Gewinns sowie 2.5 Pfennig pro produziertem Kilogramm Stickstoff.[335] Die Fabriken wurden in Piesteritz und Chorzow errichtet und waren für Produktionskapazitäten im Umfang von 30'000 bzw. 22'000 Jahrestonnen gebundenen Stickstoffs vorgesehen.[336] Zusätzlich zu den beiden neu zu errichtenden Reichswerken verpflichteten sich die Bayrischen Stickstoffwerke zu einer Steigerung der Produktion ihres bereits bestehenden Werks in Trostberg von bisher 5'000 auf neu 7'000 t gebundenen Stickstoffs.[337]

Im Zusammenhang mit den Vereinbarungen zwischen dem Reichsschatzamt und der Bayrischen Stickstoffwerke AG ist ausserdem die Errichtung einer Kalkstickstoffanlage der *Lonza-Werke Elektrochemische Fabriken GmbH* im deutschen Waldshut zu erwähnen. Als zusätzliche Option war deren Errichtung bereits in den Vorschlägen enthalten, welche die Bayrischen Stickstoffwerke im Dezember 1914 dem Preussischen Landwirtschaftsministerium unterbreitet hatten.[338] Als 1915 unter Helfferich schliesslich eine Einigung erzielt werden konnte, wurde auch mit den Waldshuter Lonza-Werken ein Vertrag unterzeichnet. Er verpflichtete die Fabrik, die bisher lediglich Calciumcarbid hergestellt hatte, zur Errichtung einer Kalkstickstoffan-

---

[333] 1872-1924, Politiker, 1915 Staatssekretär des Reichsschatzamts, 1916/17 des Reichsamts des Innern und Vizekanzler. (Brockhaus: 356.)

[334] Helfferich, Weltkrieg: 121.

[335] Roth, Staat: 212.

[336] Janke, Geschichte: 55.

[337] Eucken, Stickstoffversorgung: 104.

[338] BArch R 43 2466 a: 15.12.1914 – Schreiben der Bayrischen Stickstoff-Werke Aktien-Gesellschaft und der Deutschen Bank an das Königliche Ministerium für Landwirtschaft Domänen und Forsten betreffend Errichtung von Kalkstickstoffwerken.

lage mit einer Kapazität in der Höhe von 7'000 Jahrestonnen gebundenen Stickstoffs.[339]

Vom Aufbau bzw. der Erhöhung der Kalkstickstofferzeugung an den vier Standorten Trostberg, Piesteritz, Chorzow und Waldshut versprach sich das Reichsschatzamt eine Mehrproduktion von insgesamt 60'000 Jahrestonnen gebundenen Stickstoffs.[340] Der im März und April 1915 begonnene (Aus-)Bau der Werke wurde derart vorangetrieben, dass sie bereits im Januar und Februar des Jahres 1916 den Betrieb aufnehmen und zur Düngung der entsprechenden Frühjahrsbestellung beitragen konnten.[341]

Um für die hohen Investitionen des Reichs gewisse Sicherheiten zu erhalten, schlug Helfferich die Schaffung eines Reichsgesetzes vor, das dem deutschen Bundesrat die Möglichkeit der Schaffung eines *Stickstoff-Handelsmonopols* eingeräumt hätte. Nach eigenen Angaben ging es ihm dabei primär darum, „eine Waffe gegen eine nach Friedensschluss zu erwartende Bedrohung der deutschen Stickstoffindustrie vom Auslande her rechtzeitig bereitzustellen."[342] Die Idee des Monopols stiess seitens der BASF und anderer Interessengruppen auf erbitterten Widerstand. Sie argumentierten, dass das Stickstoffmonopol keinem anderen Zweck dienen würde, als der Kalkstickstoffindustrie für die „Herstellung des ungeeignetsten und unbeliebtesten aller Stickstoffdünger künstlich einen Gewinn zu sichern."[343] Nach einem ausgeprägten Propagandakrieg zwischen den Bayrischen Stickstoffwerken und der BASF, in welchem beide Parteien möglichst viele Entscheidungsträger auf ihre Seiten zu ziehen versuchten, wurde das Stickstoffmonopol im Reichstag schliesslich abgelehnt.[344]

339 Eucken, Stickstoffversorgung: 103.

340 Helfferich, Weltkrieg: 121.

341 Helfferich, Weltkrieg: 122-123.

342 Helfferich, Weltkrieg: 120.

343 BASF B 4 455: 24.7.1915 – Schreiben der BASF an sämtliche Reichstagsabgeordneten: 5.

344 BASF T 14 2: 12.7.1915 – Vertrauliches Schreiben der BASF an Justizrat Dr. Haeuser der Farbwerke vorm. Meister Lucius & Brüning; Janke, Geschichte: 57.

5.3 Die Versorgungslage bis Ende 1916

5.3.1 Die Gesamtproduktion

Zusammenfassend lässt sich feststellen, dass die Kalkstickstoffindustrie vom Kriegsbeginn bis zum Frühling des Jahres 1916 eine Steigerung ihrer bisherigen Produktionskapazität von 10'000 auf neu 86'000 Jahrestonnen gebundenen Stickstoffs anvisierte. Die nach dem Hochdruckverfahren arbeitende BASF strebte eine Erweiterung von bisher 7'000 auf neu 56'000 Jahrestonnen an. Für die neuen, nach dem Lichtbogenverfahren produzierenden Werke war eine Jahreserzeugung vorgesehen, die 400 t Stickstoff entsprach. Die gesamte Luftstickstoffindustrie wäre demnach auf eine Kapazität von 142'400 Jahrestonnen gebundenen Stickstoffs erweitert worden. Zusammen mit dem damaligen Ausstoss der Kokereien und Gaswerke von rund 70'000 t Stickstoff hätte dies eine jährliche Gesamtproduktion von über 210'000 t Stickstoff ergeben. Vergleicht man diese Menge mit dem deutschen Vorkriegsverbrauch an Stickstoffverbindungen von mindestens 225'000 Jahrestonnen Stickstoff, kann festgestellt werden, das dieser mit den vorgesehenen Erweiterungen annähernd hätte gedeckt werden können.

5.3.1.1 Probleme mit dem in der neuesten Literatur verwendeten Datenmaterial

Für die angestrebte Quantifizierung der Versorgungslage ist grundsätzlich weder die geplante noch die theoretisch mögliche Produktions*kapazität*, sondern vielmehr die *tatsächlich erfolgte* Produktion massgebend. Im Gegensatz zur Feststellung der Soll-Werte der deutschen Stickstofferzeugung, die meistens sogar amtlich festgehalten wurden, erwies sich die Ermittlung der effektiv erzielten Produktionszahlen als schwierig. Nebst einer dünnen Quellenbasis stellte insbesondere der Umstand, dass in der zeitgenössischen Literatur oftmals nur die Kapazität, nicht jedoch die Produktion dargestellt wird, eine Herausforderung dar.[345]

Bei der Konsultation der neuesten Literatur zeigte sich zudem, dass sich die Zahlenangaben in denjenigen Werken, in denen die tatsächliche Produktion *überhaupt* behandelt wurde, als sehr ungenau bzw. unkorrekt herausstellten. Dies hat seine Ursache darin, dass Autoren wie Szöllösi-Janze oder Stoltzenberg die entsprechenden Angaben einer 1921 erschienenen Schrift des Ökonomen Walter Eucken entnommen haben.[346] Euckens Datenmaterial ist jedoch in zweierlei Hinsicht problematisch. *Erstens* wurde weder deklariert, aus welchen Quellen seine Zahlen stammen, noch kann aus dem Kontext festgestellt werden, ob es sich dabei um persönliche Schätzungen oder um Berechnungen handelt. *Zweitens* ist zumindest die Mehrheit der angegebenen Zahlen eindeutig falsch. Beispielsweise gibt Eucken an, dass die „Kokereien und Gasanstalten" im „Erntejahr 1915/16" 90'000 t Stickstoff produziert hätten, ferner dass sich der Ausstoss 1916/17 auf 100'000 t erhöht habe und dieser dann bis 1918 konstant geblieben sei.[347] Diese Angaben stehen im Widerspruch zu älteren wie auch zu neueren Quellen der betroffenen Industrie. Dort wird übereinstimmend davon ausgegangen, dass die entsprechende Produktion nicht nur abnehmend, sondern in den Jahren 1917/18 sogar um annähernd die Hälfte geringer war.[348] Ähnliches gilt für Euckens Quantifizierung der Kalkstickstoffproduktion, die für die Jahre 1916 bis 1918 ebenfalls wesentlich zu hoch ausgefallen ist.[349]

Fazit: In der neuesten Literatur wie auch in vielen älteren Schriften wurde für die Zeit des Ersten Weltkriegs von einer viel zu hohen deutschen Stickstofferzeugung ausgegangen. Daraus lässt sich schliessen, dass das Problem der deutschen „Stickstofffrage" im Ersten Weltkrieg bisher nicht in seinem vollen Ausmass aufgezeigt wurde.

---

[345] Siehe beispielsweise Caro, Stickstoffgewinnung: 542.

[346] Die Zahlen aus Eucken, Stickstoffversorgung: 113 werden beispielsweise wiedergegeben bei Szöllösi-Janze, Haber: 314 und Stoltzenberg, Haber: 188.

[347] Eucken, Stickstoffversorgung: 113.

[348] Siehe Anhang 5.

[349] Die Angaben widersprechen insbesondere denjenigen diverser Fachliteratur (Janke, Geschichte: 77.) oder auch einem Bericht des ehemaligen Reichskommissars für Stickstoff Julius Bueb. (Bueb, Warmbold, Ausführungen: 156.)

5.3.1.2 Die tatsächliche Produktion

Wie im Rahmen der Darstellung des Vorkriegs-Entwicklungsstands der deutschen Stickstoffwirtschaft bereits gezeigt werden konnte, waren sowohl in der Kalkstickstoffindustrie als auch bei der BASF schon vor dem Einsetzen erster kriegswirtschaftlicher Massnahmen Produktionssteigerungen vorgesehen oder dafür vorgesehene Werke in Bau. Dies hatte zur Folge, dass im Jahr 1914 bereits Kalkstickstoff entsprechend 13'200 t gebundenen Stickstoffs gewonnen werden konnte.[350] Etwas weniger entwickelt war zu diesem Zeitpunkt die Ammoniakproduktion nach dem Hochdruckverfahren, die im selben Jahr lediglich ein Niveau von gegen 7'000 Jahrestonnen Stickstoff erreichte.[351] Hingegen sank der Ausstoss der Kokereien und Gaswerke um dramatische 13'670 t gebundenen Stickstoffs, blieb aber mit 94'680 t dennoch die mit Abstand wichtigste inländische Quelle von Stickstoffverbindungen.[352] Insgesamt entsprach die deutsche industrielle Erzeugung an Stickstoffverbindungen im Jahr 1914 rund 114'880 t gebundenen Stickstoffs. Dabei darf jedoch nicht vergessen werden, dass während mindestens sieben Monaten noch unter Friedensbedingungen produziert werden konnte.

Im Gegensatz zu 1914 stand die Stickstoffindustrie im Jahr 1915 ganz im Zeichen der Kriegswirtschaft. Obwohl gegen Ende des Jahres die ersten Anlagen, deren Bau nach Kriegsbeginn beschlossen worden war, fertiggestellt waren und den Betrieb aufnahmen, trugen diese erst in bescheidenem Umfang zur Jahresproduktion bei. Die Kalkstickstoffindustrie konnte daher lediglich ein Mehr von 1'500 t Stickstoff fixieren, wodurch eine Jahreserzeugung von 14'700 t gebundenen Stickstoffs erzielt wurde.[353] Bei der BASF begannen 1915 primär die bereits in der Vorkriegszeit beschlossenen Produktionserweiterungen Wirkung zu zeigen. Sie erreichte daher einen Mehrausstoss von rund 5'000 t Stickstoff. Die jährliche Gesamterzeugung nach dem Hochdruckverfahren blieb mit 12'200 t Stickstoff aber dennoch hinter derjenigen der Kalkstickstoffindustrie zurück.[354] Einen weiteren Einbruch

[350] Bueb, Warmbold, Ausführungen: 156.
[351] Mittasch, Geschichte: 182; Waeser, Luftstickstoff-Industrie, 2. Auflage: 6.
[352] Siehe Anhang 8.
[353] Bueb, Warmbold, Ausführungen: 156.
[354] Mittasch, Geschichte: 182; Waeser, Luftstickstoff-Industrie, 2. Auflage: 6.

erlitt die Gewinnung von Ammoniakwasser in den Kokereien und Gaswerken. Ein Rückgang von über 25'000 t Stickstoff führte dazu, dass die Ausbeute nur 69'280 t gebundenen Stickstoffs entsprach.[355] Die deutsche Gesamterzeugung an Stickstoffverbindungen des Jahres 1915 betrug daher lediglich 96'180 t Stickstoff.

Nachdem sich die neu vorgesehenen Anlagen im Jahr 1915 erst in Bau befunden hatten, wurde 1916 erstmals eine markante Zunahme der industriellen Inlandproduktion erzielt. Im Vergleich zum Vorjahr konnte die Kalkstickstoffindustrie ihre Produktion mit 34'000 t Stickstoff mehr als verdoppeln.[356] Die BASF erweiterte die Ammoniakerzeugung nach dem Hochdruckverfahren sogar um mehr als den Faktor vier und fixierte 1916 rund 51'000 t Stickstoff.[357] Die Gewinnung nach dem Verfahren der Trockendestillation von Kohle setzte ihre Talfahrt hingegen fort. Mit einem Ausstoss von 68'220 t gebundenen Stickstoffs blieben die Kokereien und Gaswerke jedoch weiterhin die wichtigsten Lieferanten von Stickstoffverbindungen.[358] Eine Änderung in der Rangordnung ergab sich bei den übrigen Verfahren. So wurde in Deutschland im Jahr 1916 erstmals mehr Stickstoff nach dem Hochdruck- als nach dem Kalkstickstoffverfahren fixiert. Ausserdem konnte der Abwärtstrend in der deutschen Gesamterzeugung gestoppt und sogar die jährliche Vorkriegsproduktion deutlich übertroffen werden. Neu trug die Inlanderzeugung mit rund 153'220 Jahrestonnen Stickstoff zur deutschen Versorgung mit Stickstoffverbindungen bei.

5.3.2 Bedarf und Bedarfsdeckung

5.3.2.1 Von der Friedens- zur Kriegswirtschaft: Die Jahre 1914 bis 1915 als Übergangsphase

An dieser Stelle soll vorweggenommen werden, dass es sich bei der Ermittlung der Versorgungslage des Jahres 1914 – aufgrund des Kriegsausbruchs im Sommer und der damit verbundenen Teilung des

---

[355] Siehe Anhang 5.
[356] Bueb, Warmbold, Ausführungen: 156.
[357] Mittasch, Geschichte: 182; Waeser, Luftstickstoff Industrie, 2. Auflage: 6.
[358] Siehe Anhang 8.

Jahres in eine Vorkriegs- und eine Kriegsphase – um ein problematisches Unterfangen handelt. Fest steht, dass mindestens bis im Juli die Bedingungen einer Friedenswirtschaft herrschten, und dass daher auch im gewohnten Umfang Chilesalpeter eingeführt werden konnte. Dies änderte sich nach Kriegsbeginn zwar abrupt, führte jedoch nicht sogleich zum vollständigen Wegfall aller Importe. Bis die alliierte Blockade gegen Ende des Jahres ihre volle Wirksamkeit erreichte, konnte beispielsweise noch Chilesalpeter in einem Umfang, der 610 t gebundenen Stickstoffs entsprach, eingeführt werden.[359] Die bei Kriegsausbruch noch im Land vorrätige Menge an Stickstoffverbindungen betrug gemäss Moellendorff rund 30'000 t Stickstoff.[360]

Bezüglich des *Bedarfs* der Landwirtschaft und der privaten Industrie bzw. des Gewerbes wird in der vorliegenden Arbeit grundsätzlich davon ausgegangen, dass dieser sich während der Kriegszeit nicht wesentlich vom betreffenden Bedarf in der Vorkriegszeit unterschieden hat. Entsprechend wird auch für die Zeit nach August 1914 ein jährlicher Bedarf von 198'300 t Stickstoff für die Landwirtschaft und 40'810 t Stickstoff für Industrie und Gewerbe angenommen.[361] Die tatsächliche landwirtschaftliche Nachfrage dürfte aufgrund des Wegfalls der Einfuhren von Nahrungs- und Futtermitteln tendenziell sogar eher höher gewesen sein. Der militärische Bedarf an Stickstoffverbindungen wurde bei Kriegsausbruch auf 1'200 Monatstonnen gebundenen Stickstoffs geschätzt, erwies sich jedoch bereits Ende August 1914 mit über 4'000 t als wesentlich höher. Bis Ende 1915 stieg er weiter bis auf rund 5'000 t Stickstoff pro Monat.[362]

Was die Deckung des landwirtschaftlichen Bedarfs betrifft, kann festgestellt werden, dass die Frühjahrsdüngung des Jahres 1914 noch in vollem Umfang erfolgt war und die Äcker bei Kriegsbeginn folglich bereits ein gewisses Quantum Stickstoff enthielten.[363] Insgesamt wur-

---

[359] Waeser, Luftstickstoff-Industrie, 1. Auflage: 14.

[360] BArch R 8729 65: 1916 – Diehl, Th., Bericht über Chemikalien mit 14 Anlagen: 4.

[361] Siehe Anhang 2.

[362] BArch R 8729 65: 1916 – Diehl, Th., Bericht über Chemikalien mit 14 Anlagen: 4.

[363] Dies hatte aber auch zur Folge, dass nur wenig Stickstoffdünger vorrätig war. Siehe BArch R 43 2466 a: 3.11.1914 – Schreiben des Ministeriums für Landwirtschaft, Domänen und Forsten an den Reichskanzler (Grosses Hauptquartier): 1.

den der landwirtschaftlichen Nutzfläche im Düngejahr 1913/14 210'000 t Stickstoff zugeführt.[364] Die landwirtschaftliche Versorgungslage verschlechterte sich jedoch einschneidend, nachdem das Kriegsministerium im September 1914 die Chilesalpeterbestände für militärische Zwecke beschlagnahmt hatte.[365] Abgesehen von kleinen Kontingenten verlor die Landwirtschaft damit den Zugriff auf ihren bisher wichtigsten Stickstoff-Handelsdünger (siehe Abb. 3). Für den landwirtschaftlichen Bedarf standen fortan nur noch Ammoniumsulfat und Kalkstickstoff zur Verfügung. Das absehbare Versiegen der Salpetervorräte und die bereits dargestellte Ausdehnung der Ammoniakoxidation führten zudem dazu, dass die Streitkräfte zur Deckung ihres Bedarfs zunehmend auf die Ammoniakproduktion zurückzugreifen begannen. Zusammen mit der kriegsbedingten Reduktion des Ammoniakausstosses der Kokereien und Gaswerke führte dies dazu, dass der Landwirtschaft auch das aus Ammoniak hergestellte Ammoniumsulfat mehr und mehr entzogen wurde. Infolge der zunehmenden Ammoniakgewinnung auf der Basis von Kalkstickstoff wurde zudem auch dieser Dünger in zunehmendem Masse militärischen Zwecken zugeführt.[366] Das Preussische Landwirtschaftsministerium ging daher davon aus, dass für die Ernte des Jahres 1915 lediglich 23% der bisherigen Mengen an Stickstoffdünger zur Verfügung stehen würden.[367] Über die möglichen Folgen einer daraus hervorgehenden Unterversorgung war sich das Ministerium bereits 1914 vollends im Klaren: „Dieser Ausfall wird zu einem gewaltigen Minderertrag der nächstjährigen Ernte führen."[368] Mit 98'000 t gebundenen Stickstoffs war die tatsächlich verfügbare Menge im Düngejahr 1914/15 zwar grösser als ur-

[364] Aereboe, Einfluss: 43.
[365] Tagebuch Moellendorff: 87.
[366] Die Werke Piesteritz und Knapsack verfügten bereits ab 1915 über Anlagen zur Umwandlung von Kalkstickstoff in Ammoniak und zu dessen anschliessender Oxidation zu Salpetersäure. (Mittasch, Salpetersäure: 125.) Später errichteten auch weitere Kalkstickstoffwerke derartige Anlagen. So z.B. Chorzow. (Braetsch, Stickstoff-Frage: 134-138.)
[367] BArch R 43 2466 a: 3.11.1914 – Schreiben des Ministeriums für Landwirtschaft, Domänen und Forsten an den Reichskanzler (Grosses Hauptquartier): 2.
[368] BArch R 43 2466 a: 3.11.1914 – Schreiben des Ministeriums für Landwirtschaft, Domänen und Forsten an den Reichskanzler (Grosses Hauptquartier): 2.

sprünglich befürchtet wurde.[369] Insgesamt war der Rückgang auf mehr als die Hälfte des Vorkriegsbedarfs aber dennoch verheerend.

Noch stärker als auf die Landwirtschaft wirkte sich die prekäre Versorgungslage auf die nicht für Heereszwecke produzierende private Industrie und das Gewerbe aus. Gemäss einer Denkschrift der Zentralstelle für Fragen der Chemie des Kriegsministeriums erhielten diese in den 17 Monaten zwischen Kriegsbeginn und Ende 1915 insgesamt lediglich 5'000 t Stickstoff, was umgerechnet rund 10% des Vorkriegsverbrauchs entsprach.[370] Auch die Versorgung der Landwirtschaft verschlechterte sich im Verlauf des Jahres zusehends, da ihr in diesen 17 Monaten insgesamt nur 100'000 t gebundenen Stickstoffs zugeführt werden konnten. Umgerechnet entspricht dies rund 35% des Vorkriegsverbrauchs.[371]

Die Streitkräfte bezogen in derselben Zeitspanne Stickstoffverbindungen im Umfang von 55'000 t Stickstoff.[372] Da die militärischen Forderungen bei der Verteilung Priorität genossen, wurde der Bedarf der Streitkräfte nach *primären* Stickstoffverbindungen wie Ammoniak während der ganzen behandelten Zeitperiode stets gedeckt. Die Nachfrage nach Salpetersäure konnte dank der Beschlagnahmung der noch vorhandenen Salpeterbestände bis mindestens im Sommer 1915 befriedigt werden. Anschliessend war die weitere Produktion vom Entwicklungsstand der neuen Ammoniakoxidationsanlagen abhängig. Diese konnten zwar bereits ab April 1915 zur militärischen Versorgung beitragen, ein vollständiger Ersatz des Chilesalpeters wurde jedoch erst zu Beginn des Jahres 1916 erreicht. Im Herbst 1915 kam es daher zu einem Versorgungsengpass, der durch die Zunahme der Ammoniakoxidation jedoch zunehmend entschärft wurde.[373] Ausserdem beschränkte sich der Engpass, wie bereits erwähnt, lediglich auf

---

[369] Aereboe, Einfluss: 43.

[370] BArch MA MSg 2 760 a: 5.2.1916 – Denkschrift der Zentralstelle für Fragen der Chemie des Kriegsministeriums zum neuen Munitionsprogramm vom 3. Februar 1916, Auszug: 1-2.

[371] BArch MA MSg 2 760 a: 5.2.1916 – Denkschrift der Zentralstelle für Fragen der Chemie des Kriegsministeriums zum neuen Munitionsprogramm vom 3. Februar 1916, Auszug: 1-2.

[372] BArch MA MSg 2 760 a: 5.2.1916 – Denkschrift der Zentralstelle für Fragen der Chemie des Kriegsministeriums zum neuen Munitionsprogramm vom 3. Februar 1916, Auszug: 1-2.

[373] BArch MA MSg 2 760 a: 14.8.1915 – Schreiben der Feldzeugmeisterei.

Salpetersäure. Primäre Stickstoffverbindungen standen für militärische Zwecke stets genug zur Verfügung.

5.3.2.2 Die Auswirkungen der neuen Produktion auf die Versorgungslage des Jahres 1916

Bezüglich der deutschen Versorgung mit Stickstoffverbindungen hatte das Jahr 1915 eindeutig den Charakter einer Übergangsphase. Die neuen Anlagen der Stickstoffindustrie waren erst im Bau begriffen und konnten daher noch nicht wesentlich zur Verbesserung der Versorgungslage beitragen. Im Gegensatz dazu stand das Jahr 1916 bereits ganz im Zeichen der neu geschaffenen Produktion, die mit 153'220 Jahrestonnen gebundenen Stickstoffs die Vorkriegserzeugung erstmals sogar zu übertreffen vermochte. Zusätzlich wurden der deutschen Wirtschaft wiederum einige tausend Jahrestonnen gebundenen Stickstoffs aus neutralen Staaten zugeführt.[374]

Während seitens der Landwirtschaft und der privaten Industrie von einem konstanten Bedarf entsprechend 198'300 bzw. 40'810 Jahrestonnen gebundenen Stickstoffs ausgegangen werden kann, war bei der militärischen Nachfrage erneut eine Zunahme zu verzeichnen. „Der ausserordentlich gesteigerte Munitionsbedarf [habe] die Berechnungen über den Haufen geworfen", wurde Ende 1916 in einem vertraulichen Sitzungsprotokoll des Hauses der Abgeordneten festgehalten.[375] Zwangsläufig wirkte sich dies indirekt – über die Munitionserzeugung und die Explosivstofffertigung – auch auf die Nachfrage nach Salpetersäure aus. Für die allgemeine Versorgung mit Stickstoffverbindungen hatte der erhöhte Salpeterbedarf jedoch nur im Rahmen der Produktionskapazität der Ammoniakoxidation Folgen. Da den Sitzungsprotokollen der Pulver- und Sprengstoffkommission entnommen werden kann, dass „die Gewinnung von Salpetersäure über Ammoniak [...] sehr langsam voran[ging]", ist davon auszugehen, dass der militä-

---

[374] Eucken, Stickstoffversorgung: 113; Abteilung für industrielle Kriegswirtschaft (Hg.), Übersicht: 58.

[375] BArch R 3601 746: 20.11.1916 – Auszug aus dem Sitzungsprotokoll der verstärkten Staatshaushalts-Kommission des Hauses der Abgeordneten.

rische Salpetersäurebedarf 1916 tatsächlich nur unzureichend gedeckt wurde.[376] Die Versorgung der Salpetersäurefabriken mit primären Stickstoffverbindungen war jedoch weiterhin gewährleistet. Insgesamt wurde den Streitkräften gegen Ende des Jahres 1916 monatlich rund 6'000 t gebundenen Stickstoffs zugeführt.[377] Der militärische Gesamtverbrauch des Jahres 1916 betrug folglich rund 70'000 t Stickstoff.

Im Düngejahr 1915/16 verblieben der Landwirtschaft dadurch lediglich noch 73'000 t Stickstoff, was 37% des Vorkriegsbedarfs entsprach. Mit 80'000 t gebundenen Stickstoffs konnte 1916/17 jedoch erstmals eine bescheidene Verbesserung auf 40% des Vorkriegsbedarfs erzielt werden.[378] Die Quellen weisen ferner darauf hin, dass die private Industrie und das Gewerbe – zumindest in einem bescheidenen Umfang von rund 5'000 bis 6'000 Jahrestonnen – weiterhin mit Stickstoff versorgt worden sind.[379]

---

[376] BArch MA MSg 2 760 a: 9.9.1916 – 51. Sitzung der Pulver- und Sprengstoffkommission.

[377] BArch MA MSg 2 760 a: 21.11.1916 – Schrift der Feldzeugmeisterei, Waffen- und Munitionsbeschaffungsamt, N. 18.16 geh. Abtlg. IIIa.

[378] Aereboe, Einfluss: 43.

[379] Diese Grössenordnung wird sowohl in Rückblicken wie auch in den Planungen immer wieder genannt. (BArch MA MSg 2 760 a: 5.2.1916 – Denkschrift der Zentralstelle für Fragen der Chemie des Kriegsministeriums zum neuen Munitionsprogramm vom 3. Februar 1916, Auszug: 1, 3.)

6 Die Totalisierung des Kriegs

6.1 Die Materialschlacht als Totalisierung der militärischen Front

Seitdem der deutsche Bewegungskrieg 1914 in der Marneschlacht gestoppt und im Westen zu einem Stellungskrieg geworden war, versuchten beide Kriegsparteien in die Offensive überzugehen und den Krieg wieder in Bewegung zu bringen. Von Seiten der Deutschen wurde ein solcher Versuch im Februar 1916 mit einem Grossangriff auf die französische Festung Verdun unternommen.[380] Trotz des vorausgegangenen 21-stündigen Dauerbeschusses mit 1'500 bis 2'000 Geschützen stiessen die deutschen Truppen auf erbitterten Widerstand.[381] Als der Angriff Mitte Mai steckenblieb, hatte das deutsche Heer einen Bodengewinn von gerade mal 15 Kilometern vorzuweisen.[382] Der Preis, den es dafür bezahlt hatte, war enorm. Insgesamt verloren die beiden Seiten im Kampf um Verdun rund eine halbe Million Soldaten und Millionen von Tonnen Kriegsmaterial.[383]

Zu noch verheerenderen Verlusten führte die Schlacht an der Somme, die im Juni 1916 einsetzte.[384] Diesmal waren es die Alliierten, die mit einer gewaltigen Offensive die erstarrte Front wieder in Bewegung zu bringen versuchten. Alleine am ersten Tag des Angriffs fielen gegen 60'000 britische Soldaten. In der Woche zuvor waren 1'500'000 Granaten auf die deutschen Stellungen abgefeuert worden.[385] Die Schlacht endete im Herbst 1916 mit alliierten Geländegewinnen in der Grössenordnung zwischen 10 und 20 Kilometern.[386] Erneut war damit ein Durchbruch gescheitert. Wiederum erlitten beide Kriegsparteien mit insgesamt über einer Million Toten und Verletzten exorbitante Verluste.[387]

---

[380] Kinder, Hilgemann, dtv-Atlas: 403.
[381] Thoss, Materialschlacht: 704.
[382] Krumeich, Verdun: 944.
[383] Chickering, Reich: 86.
[384] Kinder, Hilgemann, dtv-Atlas: 403.
[385] Chickering, Reich: 88.
[386] Simkins, Somme: 855.
[387] Simkins, Somme: 855.

Spätestens seit den Schlachten bei Verdun und an der Somme war der Stellungskrieg zu einer Materialschlacht geworden, bei welcher „um den Preis extrem überhöhter Verluste in der Regel nur Bodengewinne von wenigen Kilometern und ohne operative Wirkung erzielt werden" konnten, wie Bruno Thoss es treffend formulierte.[388] Beiden Parteien wurde damit auf schmerzliche Art und Weise vor Augen geführt, dass sie sich in einem Ermattungskrieg befanden, der letztlich nicht nur durch einzelne militärische Operationen sondern primär durch die verfügbaren Massen an Menschen, Lebensmitteln, Waffen, Munition und Material entschieden werden würde.

6.2 Das Hindenburg-Programm als Totalisierung der Heimatfront

Die deutschen Misserfolge bei Verdun und an der Somme brachten nicht nur das deutsche Heer, sondern auch den Generalstabschef Erich von Falkenhayn in arge Bedrängnis. Als im August 1916 auch noch Rumänien gegen Deutschland in den Krieg eintrat, wurde Falkenhayn durch die beiden gegen ihn intrigierenden Generäle Hindenburg und Ludendorff ersetzt.[389] Doch auch der neuen deutschen Heeresleitung war es bewusst, dass sie den Alliierten bezüglich der Produktion von Kriegsmaterial auf die Dauer unterlegen war und dies in einem Ermattungskrieg bzw. einer Materialschlacht letztlich zu einer Niederlage führen würde.[390] Bereits zwei Tage nach der Übergabe der Führung an Hindenburg und Ludendorff wurde daher ein unter dem Namen „Hindenburg-Programm" bekannt gewordenes Rüstungsprogramm beschlossen, das eine massive Erhöhung der Rüstungsproduktion unter Heranziehung aller verfügbaren Ressourcen zum Ziel hatte. Dadurch sollte nicht nur mit der Produktion der Alliierten Schritt gehalten, sondern diese sogar noch „überflügelt" werden.[391]

---

[388] Thoss, Materialschlacht: 704.
[389] Afflerbach, Falkenhayn: 468-469.
[390] Chickering, Reich: 89.
[391] Geyer, Hindenburg-Programm: 557.

6.2.1 Ziele und Massnahmen

Die Forderungen, welche im Rahmen des Hindenburg-Programms an die deutsche Wirtschaft gestellt wurden, waren geradezu kolossal. Innerhalb eines Jahres sollte die Produktion von Minenwerfern und Munition verdoppelt und diejenige von Geschützen und Maschinengewehren verdreifacht werden.[392] Für die Versorgung mit Stickstoffverbindungen war insbesondere die geforderte Verdoppelung der Pulvererzeugung von bisher monatlich 6'000 auf neu 12'000 und später sogar 14'000 t fatal, da diese gemäss Berechnungen des Kriegsministeriums einen monatlichen militärischen Gesamtbedarf an gebundenen Stickstoff in ungefähr derselben Grössenordnung nach sich gezogen hätte.[393] Man befürchtete daher, dass sich die Versorgung der Landwirtschaft ohne Steigerung der Produktion primärer Stickstoffverbindungen wie Ammoniak oder Kalkstickstoff um weitere 10 bis 15% verschlechtern könnte.[394] Hindenburg selber ging sogar von einer noch stärkeren Zunahme des Heeresbedarfs auf monatlich 20'000 t Stickstoff aus.[395] Beachtet man, dass die monatliche Inlanderzeugung an Stickstoffverbindungen im Jahr 1916 weniger als 13'000 t betrug, wird deutlich, dass eine Verwirklichung dieser Forderung – selbst bei vollständiger Ignorierung des landwirtschaftlichen Bedarfs – ohne massivste Produktionssteigerungen in der Stickstoffwirtschaft niemals hätten befriedigt werden können.

Um ihre enorm hohen Zielsetzungen zu erreichen, strebte die Oberste Heeresleitung (OHL) unter Hindenburg auch entsprechend drastische Massnahmen an. Die totale Mobilisierung aller Ressourcen für den Krieg sollte auch vor der „Ressource Mensch" nicht Halt machen. Gegen Ende des Jahres 1916 wurde daher das Gesetz über den „Vaterländischen Hilfsdienst" erlassen, das alle deutschen Männer im Alter zwischen 17 und 60 Jahren einer allgemeinen Dienstpflicht un-

---

[392] Geyer, Hindenburg-Programm: 557.

[393] BArch MA PH 2 81: 16.10.1916 – Abschrift eines Schreibens des Kriegsministeriums: Anlage 4.

[394] BArch MA PH 2 81: 16.10.1916 – Abschrift eines Schreibens des Kriegsministeriums: 3.

[395] Ludendorff, Urkunden, S. 204: 20.9.1916 – Schreiben Hindenburgs an den Reichskanzler.

terstellte.[396] Zudem sollte die vorhandene Produktionsinfrastruktur wo immer möglich auf die Herstellung von Rüstungsgütern umgestellt werden. Nicht als kriegswichtig erachteten Firmen versuchte man die Arbeitskräfte, Rohstoffe und Maschinen möglichst zu entziehen und die Betriebe stillzulegen. Angesichts der hohen Produktionsziele wurde aber auch der Aus- und Neubau von Fabrikanlagen vorangetrieben.[397]

Die oben genannten Massnahmen wurden von einem umgestalteten kriegswirtschaftlichen Behördenapparat gesteuert. Die bisher für die Stickstoffbewirtschaftung zuständige KRA wurde dem im November 1916 neu gegründeten Kriegsamt unterstellt. Wenig später wurde der KRA zudem die Zuständigkeit für Stickstoffverbindungen vollständig entzogen und dem aus der Feldzeugmeisterei hervorgegangenen Waffen- und Munitionsbeschaffungsamt (WUMBA) zugeteilt.[398] Die Tatsache, dass selbst Angelegenheiten „betreffend [...] des für landwirtschaftliche und andere nicht militärische Zwecke bestimmten Stickstoffs" seither von einer Behörde bearbeitet wurden, die in erster Linie für die Munitionsbeschaffung zuständig war, ist für die damalige Versorgungslage absolut bezeichnend.[399] Die seit Kriegsbeginn feststellbare Vernachlässigung des landwirtschaftlichen Stickstoffbedarfs wurde damit gewissermassen institutionalisiert.

6.2.2 *Der Aufbau des Ammoniakwerks Merseburg*

Bereits im Frühjahr 1916, also noch vor den militärischen Entwicklungen in Verdun und an der Somme, veranlasste die schlechte Versorgungslage das Kriegsministerium dazu, eine weitere Steigerung der industriellen Stickstofferzeugung an die Hand zu nehmen. Im Gegensatz zu den bisherigen Initiativen des Landwirtschaftsministeriums,

---

[396] Hardach, Weltkrieg: 75.

[397] Geyer, Hindenburg-Programm: 558.

[398] BArch R 8729 287: 5.12.1916 – Schreiben des Waffen- und Munitionsbeschaffungsamts an die Kriegschemikalien-Aktiengesellschaft.

[399] BArch R 8729 287: 19.12.1916 – Schreiben des Waffen- und Munitionsbeschaffungsamts über die Bearbeitung der die Erzeugung von Stickstoff betreffenden Fragen.

das in erster Linie an einer Verbesserung der Versorgung mit Stickstoffdünger interessiert war, entschied sich das primär an der Explosivstofferzeugung orientierte Kriegsministerium entsprechend seinen Plänen nicht für das Kalkstickstoff-, sondern für das Hochdruckverfahren der BASF. Da der bisherige Produktionsstandort in Oppau bei Ludwigshafen aufgrund seiner Nähe zu Frankreich seit 1915 regelmässig unter Beschuss französischer Flieger geraten war, wurde der Bau einer neuen Ammoniakanlage im Landesinneren beschlossen.[400] Errichtet wurde das Werk schliesslich südlich von Merseburg, auf dem Gebiet des Dorfes Leuna (siehe auch Abb. 12). Neben dem ursprünglichen offiziellen Namen „Ammoniakwerk Merseburg" etablierte sich daher später auch die Bezeichnung „Leuna Werke".[401]

Obwohl die *Initiative* zum Bau dieser neuen Produktionsanlagen – mit Spatenstich im Mai 1916 – *nicht* im Rahmen des Hindenburgprogramms erfolgt war, hatte letzteres dennoch grossen Einfluss auf die Ausgestaltung des neuen Stickstoffwerks. So wurde die ursprünglich vorgesehene Kapazität von 30'000 Jahrestonnen gebundenen Stickstoffs angesichts der von der neuen OHL geforderten Verdoppelung der Pulvererzeugung noch während der Bauarbeiten massiv erhöht. Am 1. Dezember 1916 unterzeichneten Vertreter der BASF einen Vertrag über die Erweiterung des erst im Entstehen begriffenen Werks auf eine mehr als viermal grössere Gesamtleistung von jährlich 130'000 t Stickstoff.[402] Insgesamt stellte das Reich für die beiden Bauetappen einen Zuschuss in der Höhe von 180 Millionen Mark zur Verfügung. Im Gegensatz zu den Reichswerken in Chorzow und Piesteritz blieb das Ammoniakwerk Merseburg aber vollständig im Eigentum der BASF.[403] Ein Teil der Anlage konnte bereits im April 1917 in Betrieb genommen werden. Der erste Eisenbahn-Kesselwagen mit Ammoniak verliess die Leuna Werke am 28. April 1917. Dass über den Verwendungszweck dieses Ammoniaks schon damals keinerlei Illusionen bestanden, zeigt eindrücklich eine im BASF-

[400] BASF: [1940] – Voigtländer-Tetzner, Walter, Die Bindung des Luftstickstoffs 1895-1940, Bd. 1, 1895-1918, unveröffentlichtes Manuskript: 300.

[401] Nagel, Stickstoff: 44.

[402] BASF A 18 23: 1.12./19.12.1916 – Vertrag zwischen dem Reichskanzler (Reichsschatzamt) und der Badischen Anilin- & Soda-Fabrik zu Ludwigshafen: 1.

[403] BASF A 18 23: 1.12./19.12.1916 – Vertrag zwischen dem Reichskanzler (Reichsschatzamt) und der Badischen Anilin- & Soda-Fabrik zu Ludwigshafen: 1-2.

Unternehmensarchiv erhaltene Fotografie dieses ersten Wagens, der mit „Franzosen-Tod!" beschriftet worden war (siehe Abb. 9).

Abb. 9: Ausfahrt des ersten Kesselwagens Ammoniak aus den Leuna Werken [404]

Nach den ersten beiden Verträgen, die eine Gesamterzeugung von 130'000 Jahrestonnen Stickstoff vorsahen, wurde im Juni 1918 eine dritte Ausbaustufe für eine Steigerung auf jährlich 200'000 t Stickstoff beschlossen.[405] Da diese jedoch erst im Jahr 1921 in Betrieb genommen werden konnte, war sie für die Versorgung innerhalb des Untersuchungszeitraums der vorliegenden Arbeit nicht mehr von Relevanz.

---

[404] BASF A 18 22: 28.4.1917 – Fotografie „Ausfahrt der ersten Produktion NH_3 der Ammoniakwerke Leuna".

[405] BASF: [1940] – Voigtländer-Tetzner, Walter, Die Bindung des Luftstickstoffs 1895-1940, Bd. 1, 1895-1918, unveröffentlichtes Manuskript: 303.

6.2.3 *Die Überforderung der deutschen Kriegswirtschaft*

Bei der Umsetzung des Hindenburg-Programms stiess die deutsche Kriegswirtschaft sehr rasch an ihre Grenzen. Die bereits vor dem Amtsantritt der neuen OHL entstandene Transport- und Kohlekrise wurde durch die hochgesteckten Rüstungsziele enorm verschärft.[406] Das Eisenbahnsystem kollabierte regelrecht. Ludendorff selber bemerkte dazu: „Die Transportfrage wird von Tag zu Tag bedenklicher. Wenn nicht schleunige wirksame Abhilfe erfolgt, so ist ein erheblicher Rückgang oder Stillstand in der Rüstungsindustrie unausweichlich, dessen Folgen [...] für die Entscheidung des Krieges unabsehbar sind.“[407] Um die Versorgung mit Kohle stand es nicht besser. Im April 1917 konnte der Gesamtbedarf gerade mal zu 60% gedeckt werden.[408] Abgesehen von der Kohleknappheit hatte die Kriegswirtschaft auch mit einem Mangel an „Menschenmaterial“ zu kämpfen, wie man sich in der OHL auszudrücken pflegte.[409] Tatsächlich konnten trotz des Hilfsdienstgesetzes kaum zusätzliche Arbeitskräfte gewonnen werden. Es wurden daher immer mehr Arbeiter vom Militärdienst zurückgestellt, was wiederum die militärische Front schwächte.[410] Ausserdem führte die schlechte Ernährungslage zu Unzufriedenheit, Streiks und zur Überlastung der bereits verfügbaren Arbeitskräfte.[411]

Als besonders hinderlich erwies sich der Umstand, dass die oben genannten Negativfaktoren oft miteinander verknüpft waren und sich in ihrer Wirkung verstärkten. So hatte der Arbeitskräftemangel beispielsweise negative Folgen für die Kohleförderung. Umgekehrt führte der Kohlemangel dazu, dass die Fabrikation an anderen Orten beschränkt werden musste und die Arbeiter unterbeschäftigt waren.[412]

---

[406] Helfferich, Weltkrieg: 277.

[407] Ludendorff, Urkunden, S. 190-191: 24.12.1917 – Schreiben Ludendorffs an den Reichskanzler.

[408] Ludendorff, Urkunden, S. 179: 20.04.1917 – Telegramm des Reichskommissars für die Kohleverteilung an den Chef des Generalstabs.

[409] Ludendorff, Urkunden, S. 63: 31.8.1916 – Schreiben Hindenburgs an den Kriegsminister.

[410] Hardach, Weltkrieg: 79-80.

[411] Ludendorff, Urkunden, S. 87-88: 13.03.1917 – Schreiben des Kriegsministers.

[412] Ludendorff, Urkunden, S. 98: 26.12.1917 – Schreiben Ludendorffs an den Kriegsminister.

Gleichzeitig förderten gewisse Kohlegruben auf Halde, da die Kohle nicht abtransportiert werden konnte.[413]

Schon bald stellte sich daher heraus, dass die OHL mit dem Hindenburg-Programm Ressourcen zu mobilisieren versuchte, die in diesem Umfang längst nicht mehr vorhanden waren. Auch der Neubau von Fabrikanlagen wirkte sich in vielen Fällen kontraproduktiv aus, da zu ihrer Errichtung zwar knappe Ressourcen verbraucht wurden, die Anlagen selber jedoch aus Ressourcenmangel gar nie in Betrieb genommen werden konnten. Das Hindenburg-Programm wurde daher „nicht [...] annähernd zur Durchführung" gebracht. Helfferich bezeichnete es treffend als „ein Programm der Selbstüberschätzung und der Überschätzung der deutschen Volks- und Wirtschaftskraft."[414] Als schliesslich auch die OHL zu dieser Erkenntnis kam, bemühte sie sich um die Begrenzung des Schadens und begann das ursprüngliche Rüstungsprogramm zu redimensionieren. Schon im Februar 1917 gestand Ludendorff persönlich ein: „Die in der Steigerung der Waffen- und Munitionsbeschaffung eingetretenen Stockungen machen es für die nächste Zeit nötig, die bisherigen Richtlinien dafür zu ändern."[415] Neuanlagen, deren Inbetriebnahme erst ab dem Sommer 1917 vorgesehen war, wurden zurückgestellt. Stattdessen sollten die bereits vorhandenen Fabrikanlagen besser ausgenutzt werden. Fabriken für Explosivstoffe, Düngemittel und Ersatzfutter waren von dieser Regelung jedoch nicht betroffen. Sie waren weiterhin „mit möglichstem Nachdruck herzustellen, auch wenn sie erst für 1918 voll wirksam werden" würden.[416] Damit konnte auch der Ausbau des Ammoniakwerks Merseburg weitergeführt werden.

[413] Helfferich, Weltkrieg: 279.
[414] Helfferich, Weltkrieg: 282.
[415] Ludendorff, Urkunden, S. 158-159: 6.2.1917 – Schreiben Ludendorffs an das Kriegsministerium, das Kriegsamt u.a.
[416] Ludendorff, Urkunden, S. 158-159: 6.2.1917 – Schreiben Ludendorffs an das Kriegsministerium, das Kriegsamt u.a.

6.3 Die Versorgungslage in den letzten zwei Kriegsjahren

6.3.1 Stagnation des Kalkstickstoff- und Aufstieg des Hochdruckverfahrens

Obwohl der Ausbau der Stickstoffwirtschaft von der erzwungenen Redimensionierung des Hindenburg-Programms ausgenommen wurde, wirkten sich die allgemeine Überforderung der deutschen Kriegswirtschaft und der gravierende Mangel an Ressourcen wie Kohle oder Arbeitskräfte auch auf die Produktion von Stickstoffverbindungen aus. Die Baustelle in Leuna hatte beispielsweise mit einem Mangel an Materialien wie Stahl zu kämpfen. Nicht einmal durch eine Intervention der OHL, welche die Lieferungen von Baustoffen für die Stickstoffwerke in die höchste „Dringlichkeitsklasse“ erhob, konnte verhindert werden, dass die Produktionsaufnahme mit mehrmonatiger Verspätung erfolgte.[417]

Viel einschneidender als auf den Bau neuer Stickstoffwerke wirkte sich die Ressourcenkrise jedoch auf den Betrieb der bereits bestehenden Werke aus. Insbesondere im Konkurrenzkampf zwischen der Kalkstickstoffindustrie und der BASF entstand dadurch eine völlig neue Ausgangslage. Vermochten die längere Betriebserfahrung und die tieferen Verkaufspreise pro Einheit gebundenen Stickstoffs den grösseren Energie- und Arbeitskräftebedarf des Kalkstickstoffverfahrens bis anhin zumindest teilweise zu kompensieren, änderte sich dies angesichts des eingetretenen Kohle- und Arbeitskräftemangels grundlegend. Ludendorff fasste die neue Situation wie folgt zusammen: „Der Kalkstickstoff verbraucht viel Kohle, viel Menschenkraft; er hat daher gegenüber dem Ammoniakstickstoff schon aus wirtschaftlichen Gründen keine Zukunft. Militärisch aber dürfen wir unter keinen Umständen irgendwelche Menschenkraft und Kohle verschleudern.“[418] Zusätzlich zu dieser zwangsläufigen Neugewichtung der Faktoren „Kohle“ und „Arbeitskraft“ wirkte sich auch der Umstand, dass spä-

---

[417] BArch R 3601 746: 20.11.1916 – Auszug aus dem Sitzungsprotokoll der verstärkten Staatshaushalts-Kommission des Hauses der Abgeordneten; Ludendorff, Urkunden, S. 160: 16.2.1917 – Schreiben Ludendorffs an das Kriegsministerium, Kriegsamt.

[418] Ludendorff, Urkunden, S. 208: 22.5.1918 – Schreiben Ludendorffs an den Staatssekretär des Reichsschatzamts v. Roedern.

testens seit der Schaffung des WUMBA die gesamte staatliche Stickstoffbewirtschaftung primär auf die Steigerung der Munitionserzeugung ausgerichtet war, negativ auf die Bewertung des Kalkstickstoffverfahrens aus. Denn wie bereits aufgezeigt wurde, konnte der Kalkstickstoff seinen ohnehin äusserst geringen preislichen Vorteil nur dann wahren, wenn er direkt als Stickstoffdünger angewandt wurde. Zur Herstellung von Ammoniak und Salpetersäure war das Hochdruckverfahren der BASF nicht nur effizienter, sondern zudem auch wesentlich billiger. Zugespitzt wurde die Situation ausserdem noch dadurch, dass Kohle angesichts der Mangellage immer teurer wurde.[419] Das Blatt hatte sich damit endgültig zuungunsten der Kalkstickstoffindustrie gewendet. Oder wie es in der Pulver- und Sprengstoffkommission formuliert wurde: „In der Kalkstickstoffgewinnung hat sich die unbedingte Überlegenheit des Haber-Bosch-Verfahrens klar herausgestellt."[420]

Besonders gravierend wirkte sich die Kohleknappheit auf die Reichswerke in Chorzow und Piesteritz sowie auf die Fabriken der AG für Stickstoffdünger in Knapsack und Gross-Kayna aus, da diese ihre Elektrizität vollständig aus Kohlekraftwerken bezogen.[421] Weitgehend von Verteuerungen oder Energiemangel verschont blieben dagegen die auf *Wasserkraft* basierenden Werke in Trostberg und Waldshut.[422] Abgesehen von den eigentlichen Stickstoffwerken litten auch die Zulieferbetriebe unter Transport- und Ressourcenproblemen. Beispielsweise wurden die für Knapsack wichtigen Kalkbrennereien nur unzureichend mit Kohle versorgt.[423] Ein weiterer Faktor, der sich negativ auf die Produktion auswirkte, war die Tatsache, dass aus den Kalkstickstoffwerken in einigen Fällen Calciumcarbid weggeführt wurde. Damit wurde diesen Werken – zumindest teilweise – deren wichtigstes Zwischenerzeugnis entzogen.[424] In diesem Zusammenhang

---

[419] Clauss, Stickstoffversorgung: 43.
[420] BArch MA MSg 2 760 a: 14.4.1917 – Protokoll der 66. Sitzung der Pulver- und Sprengstoffkommission.
[421] Waeser, Luftstickstoff-Industrie, 1. Auflage: 88, 90.
[422] Waeser, Luftstickstoff-Industrie, 1. Auflage: 92.
[423] Ludendorff, Urkunden, S. 178: 14.4.1917 – Schreiben Ludendorffs an den Reichskommissar für Kohleverteilung.
[424] BArch R 8729 340: 13.4.1918 – Aktennotiz zu einer Sitzung zwischen Vertretern des WUMBA, der KCA und der Deutschen Landwirtschafts-Gesellschaft.

stellt sich daher die Frage, ob die mangelhafte Versorgung der Kalkstickstoffindustrie lediglich eine normale Folge der allgemeinen deutschen Ressourcen- und Transportkrise war, oder aber, ob die Bayrische Stickstoffwerke AG und die AG für Stickstoffdünger bei der staatlich kontrollierten Zuteilung der noch vorhandenen Rohstoffe und Transportkapazitäten *bewusst* benachteiligt wurden.

Fest steht, dass die 1915/16 gebauten Kalkstickstoffwerke ihre Produktionskapazität während der gesamten Kriegszeit *nie* ausschöpfen konnten. Nachdem die Erzeugung von 14'700 t Stickstoff im Jahr 1915 auf 34'000 t im Jahr 1916 stark angewachsen war, nahm sie seit der Einführung des Hindenburg-Programms und der damit verbundenen wirtschaftlichen Krise nur noch schwach zu. 1917 wurden 36'600 Jahrestonnen Stickstoff erreicht, also lediglich bescheidene 2'000 t mehr als im Vorjahr. Anschliessend war die Produktion sogar abnehmend und verringerte sich im Jahr 1918 auf insgesamt 35'600 t Stickstoff.[425] Parallel dazu verzeichnete die BASF in der Ammoniakerzeugung einen starken Anstieg. Von 51'000 t im Jahr 1916 stieg der Ausstoss 1917 auf 75'000 t und 1918 schliesslich sogar auf 94'000 Jahrestonnen Stickstoff.[426] Diese Entwicklung war nicht nur auf den Neubau von Fabrikanlagen zurückzuführen. Im Gegensatz zu den schon länger bestehenden Kalkstickstoffwerken, die 1918 gerade mal 41% der ursprünglich vorgesehenen Produktion liefern konnten, wurde die Kapazität beim neueren Hochdruckverfahren zu rund 70% ausgenutzt. Es kann daher davon ausgegangen werden, dass die BASF bei der Zuteilung von Ressourcen tatsächlich prioritär behandelt worden war. Auch dass den Kalkstickstoffwerken teilweise das für die Herstellung von Calciumcyanamid absolut zentrale Calciumcarbid entzogen wurde, zeigt deutlich, dass die Gewinnung von Stickstoffdünger – dem geradezu katastrophalen Stickstoffmangel in der Landwirtschaft zum Trotz – keineswegs Priorität genoss.

Im Gegensatz zur Stickstoffgewinnung mittels der beiden eben behandelten Verfahren blieb der Ammoniakausstoss der Kokereien und Gaswerke auch in den Jahren 1917 und 1918 mit 56'470 bzw. 53'810 Jahrestonnen gebundenen Stickstoffs konstant sinkend.[427]

---

[425] Bueb, Warmbold, Ausführungen: 156.
[426] Mittasch, Geschichte: 182; Waeser, Luftstickstoff-Industrie, 2. Auflage: 6.
[427] Siehe Anhang 5.

Während die durch das *Lichtbogenverfahren* erfolgte Produktion im Jahr 1916 noch vernachlässigbar gering war, erreichte sie 1917 erstmals einen erwähnenswerten Ausstoss von 300 t gebundenen Stickstoffs.[428] Aufgrund der Zerstörung des im Vergleich zu Rhina wesentlich grösseren Werks in Zschornewitz im Juni 1917 ist jedoch anzunehmen, dass die nach diesem Verfahren erzielte Gesamterzeugung im Jahr 1918 höchstens noch 150 t Stickstoff erreichte.[429]

Aufgrund der oben genannten Zahlen kann für das Jahr 1917 eine Gesamterzeugung von 168'370 t und für das Jahr 1918 von 183'560 t gebundenen Stickstoffs errechnet werden. Wie aus Abbildung 10 ersichtlich ist, konnte die Produktion somit auch in den letzten beiden Kriegsjahren noch gesteigert werden.

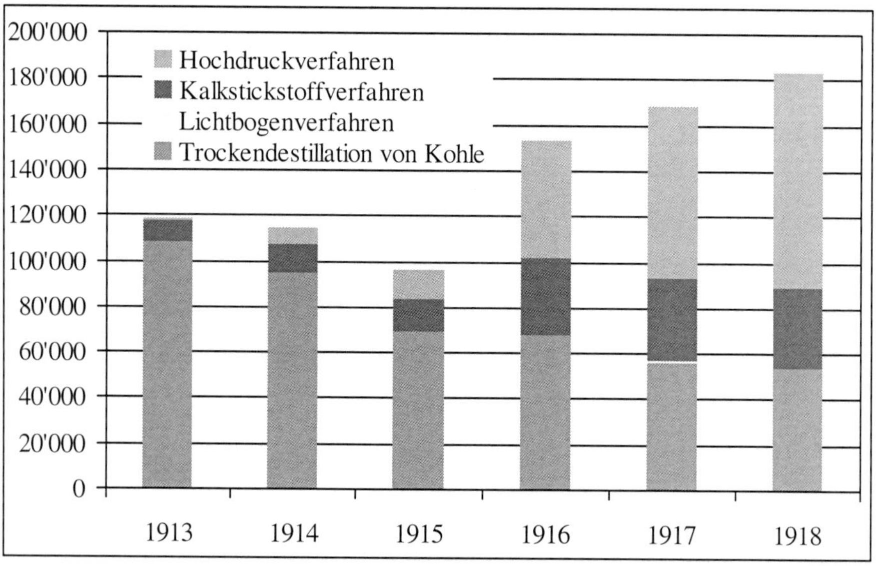

Abb. 10: Die Gesamterzeugung der deutschen Stickstoffwirtschaft in den Jahren 1913 bis 1918 in Tonnen Stickstoff[430]

[428] Geschätzt anhand von Angaben in BArch R 8729 287: 23.11.1916 – Bericht von Leutnant Holm der KCA über Besuche bei den Werken Zschornewitz und Rhina.
[429] BArch R 8729 287: 23.11.1916 – Bericht von Leutnant Holm der KCA über Besuche bei den Werken Zschornewitz und Rhina; Waeser, Luftstickstoff-Industrie, 1. Auflage: 50.
[430] Datenquelle: Anhang 8.

6.3.2 Bedarf und Bedarfsdeckung in der letzten Phase des Kriegs

Es kann davon ausgegangen werden, dass auch in den Jahren 1917 und 1918 für die Landwirtschaft und für das Gewerbe ein gleichbleibender Bedarf von 198'300 bzw. 40'810 Jahrestonnen gebundenen Stickstoffs bestand. Wesentlich schwieriger gestaltet sich die Ermittlung der Nachfrage der Streitkräfte, da diese seit Ende 1916 ganz im Zeichen der im Hindenburg-Programm geforderten Verdoppelung der Pulvererzeugung stand. Die aufgrund dieser Forderung zu erzeugende Menge konnte allerdings nie hervorgebracht werden. Der Grund hierfür lag nicht etwa darin, dass nicht genügende Mengen primärer Stickstoffverbindungen verfügbar gewesen wären. Entscheidend war vielmehr, dass es „an ausreichend leistungsfähigen Pulverfabriken [fehlte].“[431] Im Jahr 1918 kam es zudem zu einem akuten Mangel an Stahl, der indirekt über die Begrenzung der Munitionsfertigung auch die Herstellung von Schiesspulver beschränkte.[432] Zum Zeitpunkt der Verkündung des Hindenburg-Programms im September 1916 betrug die monatliche Fertigung von Schiesspulver gerade mal 6'000 t.[433] Als Ludendorff im März 1918 – also ganze eineinhalb Jahre später – desillusioniert feststellen musste, dass selbst das „12 Millionen-kg-Pulver-Programm […] zur Zeit ebenfalls zu [s]einem lebhaften Bedauern nicht erreichbar“ war, sah er sich einmal mehr dazu gezwungen, seine hohen Anforderungen herunterzusetzen. Seither galten neu 10'000 Monatstonnen Pulver als Richtwert, der in Zukunft nicht unterschritten werden sollte.[434] Erst mit einjähriger Verspätung konnte im Sommer 1918 kurzfristig ein Niveau von monatlich rund 12'000 t Pulver erreicht werden. Nach dem Spitzenmonat August nahm die Erzeugung allerdings bereits wieder ab.[435] Für das gesamte Jahr 1918 lässt sich

---

[431] BArch MA PH 3 42: [o.J.] – Die Munitionsversorgung des Feldheeres. Ausarbeitung von Major v. Ellerts im St. d. Chefs d. Generalstabs des Feldheeres: 42.

[432] BArch MA PH 3 42: [o.J.] – Die Munitionsversorgung des Feldheeres. Ausarbeitung von Major v. Ellerts im St. d. Chefs d. Generalstabs des Feldheeres: 43.

[433] BArch MA PH 2 86: April 1919 – Reichstagsmaterial, betrifft Schrift von Georg Gethein „Warum verloren wir den Kriege?“: 3.

[434] Ludendorff, Urkunden, S. 170-171: 18.3.1918 – Schreiben Ludendorffs an das Kriegsamt.

[435] BArch MA PH 3 42: [o.J.] – Die Munitionsversorgung des Feldheeres. Ausarbeitung von Major v. Ellerts im St. d. Chefs d. Generalstabs des Feldheeres, Anhang VII, Gesamtlieferung an Pulver.

ein Durchschnitt von knapp über 10'000 Monatstonnen Schiesspulver errechnen.[436] Aufgrund von Aufstellungen des Kriegsministeriums kann für das Jahr 1918 ein Gesamtbedarf der Streitkräfte an Stickstoffverbindungen in der Höhe von rund 110'000 Jahrestonnen gebundenen Stickstoffs abgeleitet werden.[437] Für das Jahr 1917 lässt sich der militärische Bedarf auf rund 95'000 t Stickstoff schätzen.

Das *Angebot* umfasste neben der bereits beschriebenen Inlandproduktion von 168'370 t Stickstoff im Jahr 1917 und 183'560 t im Jahr 1918 jährliche Importe von rund 4'000 t (1917) und 3'000 t (1918) gebundenen Stickstoffs.[438] Die für die Landwirtschaft zur Verfügung stehenden Mengen an Stickstoff-Handelsdünger erhöhten sich daher von ursprünglich 73'000 t Stickstoff im Düngejahr 1915/16 auf 80'000 t (1916/17) und schliesslich auf 92'000 t (1917/18).[439] Folglich konnte der Bedarf auch gegen Ende des Kriegs nicht einmal zur Hälfte gedeckt werden, wie aus Abbildung 11 ersichtlich ist.

Dass die deutsche Landwirtschaft während des *gesamten* Kriegs mangelhaft mit Stickstoffverbindungen versorgt wurde, ergibt sich nicht nur aufgrund derartiger zusammenfassender quantitativer Berechnungen, sondern auch aus zeitgenössischen Berichten. So bestritten beispielsweise weder Ludendorff noch Hindenburg, dass die Landwirtschaft massiv unterversorgt war. Offenbar rechnete Ludendorff sogar mit Szenarien, bei denen „das für die Landwirtschaft verfügbare Stickstoffquantum unter Umständen auf Null" gesunken wäre.[440] An der grundsätzlichen Position der Entscheidungsträger, dem

---

[436] Errechnet anhand von Werten in BArch MA PH 2 86: April 1919 – Reichstagsmaterial, betrifft Schrift von Georg Gethein „Warum verloren wir den Kriege?" sowie Angaben zur Entwicklung der Produktion in BArch MA PH 3 42: [o.J.] – Die Munitionsversorgung des Feldheeres. Ausarbeitung von Major v. Ellerts im St. d. Chefs d. Generalstabs des Feldheeres, Anhang VII, Gesamtlieferung an Pulver.

[437] BArch MA PH 2 81: 16.10.1916 – Abschrift eines Schreibens des Kriegsministeriums: Anlage 4.

[438] Eucken, Stickstoffversorgung: 113; Abteilung für industrielle Kriegswirtschaft (Hg.), Übersicht: 113.

[439] Aereboe, Einfluss: 43.

[440] Ludendorff, Urkunden, S. 205: 10.12.1917 – Schreiben Ludendorffs an den Staatssekretär des Reichsschatzamtes.

militärischen Bedarf in jedem Fall absolute Priorität einzuräumen, änderte dies nichts.[441]

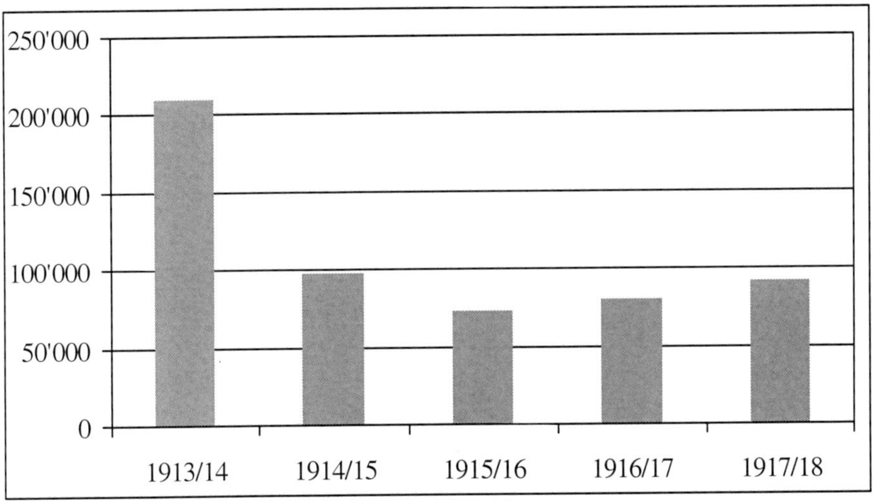

Abb. 11: Die der Landwirtschaft in den Düngejahren 1913/14 bis 1917/18 zugeführten Mengen an Stickstoffverbindungen in Tonnen Stickstoff[442]

Auch in den Monatsberichten der stellvertretenden Generalkommandos wird der „zum grossen Teil vorhandene Mangel an Stickstoffdünger" ab 1916 zu einem Dauerthema.[443] Im September 1916 wird beispielsweise festgehalten: „Mit besonderer Sorge wird von vielen Stellen darauf hingewiesen, dass der Mangel an Stickstoffdünger mehr und mehr fühlbar wird."[444] Nachdem im berüchtigten sogenannten „Kohlrübenwinter" 1916/17 fast ausschliesslich die schlechte Wit-

[441] Ludendorff befürchtete, dass im schlimmsten Fall – über eine „Nullversorgung" der Landwirtschaft hinaus – „sogar das Pulverprogramm" hätte leiden können. Eine Einschränkung des Heeresbedarfs zugunsten der Landwirtschaft kam für ihn folglich gar nicht erst in Betracht. (Ludendorff, Urkunden, S. 205: 10.12.1917 – Schreiben Ludendorffs an den Staatssekretär des Reichsschatzamtes.)

[442] Datenquelle: Anhang 7.

[443] BArch MA PH 2 62: Mai 1916 – Zusammenstellung aus den Berichten der stellvertretenden Generalkommandos: 3.

[444] BArch MA PH 2 62: 15.9.1916 – Zusammenstellung der Monats-Berichte der stellv. Generalkommandos: 4.

terung thematisiert wird, taucht bereits im März 1917 auch der Mangel „an Gespanntieren, Arbeitskräften und Kunstdünger“ wieder auf.[445] Einen Monat später hiess es sogar: „Die Weiterentwicklung wird weiter denn je von der Düngerfrage abhängen [...]. Die Aussichten hierfür sind bei der ungenügenden Stickstofferzeugung leider gering.“[446] Das Thema der ungenügenden Stickstoffdüngung war auch im Oktober 1917 noch aktuell: „Alle Landwirte beseelt der Wunsch, der jungen Saat eine kräftige Dosis künstlichen Düngers, namentlich Stickstoffdüngers, mitgeben zu können. [...] Drei Jahre treibt der Landwirt Raubbau.“[447] Und auch im Jahr 1918 bestand in diesem Punkt Einigkeit: „Der Ausfall der Ernte des kommenden Jahres wird im Zeichen des Stickstoffmangels stehen; je grösser das Mass ist, in dem es gelingt, künstlichen Stickstoffdünger für die Landwirtschaft im Frühjahr frei zu bekommen, um so günstiger wird die Aussicht auf den Ertrag in erster Linie zu beurteilen sein.“[448] Während gewisse Stellen in ihren Klagen immer dramatischer wurden, machte sich in anderen Resignation breit: „Leider liegen die Verhältnisse auf dem Gebiete der Düngerbeschaffung so im argen und sind so bekannt, dass es sich erübrigt, darauf noch an dieser Stelle einzugehen.“[449]

Die katastrophalen Ertragseinbussen der deutschen Landwirtschaft im Ersten Weltkrieg sind in der Geschichtsschreibung allgemein bekannt. Sie betrugen bei Weizen beispielsweise annähernd 60%, bei Kartoffeln 65%, bei Zuckerrüben gegen 71% und bei Rindern 78%.[450] Die Ausfälle führten zu einer dramatischen Verschlechterung der Ernährung der Bevölkerung und indirekt über Massenerkrankungen zu einem „Massentod von deutschen Zivilpersonen (über 750 000).“[451] *Inwieweit* die mangelnde Versorgung mit Stickstoffverbindungen Ein-

---

[445] BArch MA PH 2 62: 3.3.1917 – Zusammenstellung der Monats-Berichte der stellv. Generalkommandos: 20.

[446] BArch MA PH 2 62: 3.4.1917 – Zusammenstellung der Monats-Berichte der stellv. Generalkommandos: 24.

[447] BArch MA PH 2 62: 3.10.1917 – Zusammenstellung der Monats-Berichte der stellv. Generalkommandos: 34-35.

[448] BArch MA PH 2 62: 3.2.1918 – Zusammenstellung der Monats-Berichte der stellv. Generalkommandos: 24.

[449] BArch MA PH 2 62: 3.4.1918 – Zusammenstellung der Monats-Berichte der stellv. Generalkommandos: 34.

[450] Kluge, Agrarwirtschaft: 12.

[451] Kluge, Agrarwirtschaft: 14.

fluss auf die Ernährungslage hatte, kann jedoch *nicht* Gegenstand der vorliegenden Arbeit sein, da hierzu eine Untersuchung weiterer relevanter Produktionsfaktoren wie etwa des Wetters, der Arbeitskräfte oder sonstiger Nährstoffe vorzunehmen wäre (siehe auch Abb. 5). *Dass* in der deutschen Landwirtschaft ein überaus frappanter Mangel an Stickstoffverbindungen herrschte und sich dieses Defizit zumindest bis zu einem gewissen Grade auf die Erträge auswirkte, konnte jedoch zweifelsfrei festgestellt werden.

Abb. 12: „Soldat und Landmann schauen auf das Ammoniakwerk Merseburg." Eine allegorische Darstellung der Bedeutung, welche die Stickstoffwirtschaft sowohl für die Kriegführung als auch für die Ernährung der Bevölkerung hatte.[452]

[452] Archiv Heimatverein Steglitz ZM 576: [o.J.] – Soldat und Landmann schauen auf das Ammoniakwerk Merseburg. Entwurfszeichnung von Fritz Bersch.

7 Die Rolle der neutralen Schweiz

Aufgrund der wirtschaftlichen Kampfmassnahmen der Entente und der damit verbundenen, starken Beeinträchtigung des deutschen Aussenhandels erhielten die Wirtschaftsbeziehungen mit den benachbarten Neutralen eine völlig neue Bedeutung. Die wirtschaftliche Isolation Deutschlands konnte auf diese Weise nicht nur relativiert, sondern die Blockade teilweise sogar umgangen werden. Wie bereits verschiedentlich gezeigt werden konnte, belieferten die Neutralen die deutsche Kriegswirtschaft während des *gesamten* Kriegs auch mit beschränkten Mengen an Stickstoffverbindungen. Im Rahmen der vierten Fragestellung der vorliegenden Arbeit wird daher erörtert, ob und inwieweit der neutrale Kleinstaat Schweiz zur deutschen Stickstoffversorgung beigetragen hat. Dabei wird insbesondere zu untersuchen sein, ob Deutschlands südlicher Nachbar als Transitland eine Rolle spielte, und ob die Schweizer Wirtschaft selbst produzierte Stickstoffverbindungen oder Ressourcen zur Erzeugung von Stickstoffverbindungen ausführte.

Grundsätzlich erliess der Bundesrat bereits 1914 für praktisch sämtliche Arten von Stickstoffverbindungen umfangreiche Ausfuhrverbote.[453] Dabei ist jedoch zu betonen, dass der Sinn und Zweck derartiger „Verbote“ nicht primär darin bestand, die entsprechenden Exporte *gänzlich* zu unterbinden. In aller Regel ging es den Behörden vielmehr darum, die Ausfuhren von Bewilligungen abhängig zu machen und den Exporthandel dadurch unter staatliche Kontrolle zu bringen.[454] In der Schweiz wurden Ausnahmebewilligungen insbesondere für den Kompensationsverkehr zu einem wichtigen kriegswirtschaftlichen Steuerungsinstrument.[455] Die im Folgenden nachgewiesenen, internationalen Warenströme lassen sich daher keinesfalls ausschliess-

---

[453] So beispielsweise am 13. August 1914 für Salpetersäure, Chilesalpeter und Explosivstoffe. (Bundesratsbeschluss Ausfuhrverbote, 13.8.1914: 384.) Im September 1914 wurde das Verbot auf Salpeter im Allgemeinen und auf alle Arten von Kunstdünger ausgedehnt, (Bundesratsbeschluss Ausfuhrverbote, 18.9.1914: 483.) im November zudem auf Stickoxyde und salpetersaure Salze. (Bundesratsbeschluss Ausfuhrverbote, 27.11.1914: 585.) Die Ausfuhr von Ammoniak wurde hingegen erst 1915 verboten. (Bundesratsbeschluss Ausfuhrverbote, 5.11.1915: 359.)

[454] Roth, Staat: 257-258.

[455] Sieveking, Kriegswirtschaft: 12.

lich auf die Interessen der beteiligten Privatwirtschaft zurückführen. Stattdessen kann im Falle von Exporten kriegswirtschaftlicher Schlüsselressourcen wie Stickstoffverbindungen in der Regel auch von einer behördlichen Zulassung – oder zumindest einer entsprechenden Duldung – des jeweiligen Exportstaats ausgegangen werden. Die Umgehung von Ausfuhrverboten, also der sogenannte „Ausfuhrschmuggel“, konnte zwar auch in der Schweiz während des gesamten Kriegs nie gänzlich unterbunden werden.[456] Bei grossindustriellen Massenerzeugnissen wie Stickstoffverbindungen dürfte dieser jedoch höchstwahrscheinlich keine nennenswerte Rolle gespielt haben.

7.1 Die Schweiz als Transitland

An dieser Stelle ist vorwegzunehmen, dass die Schweiz als *Binnenland* für einen allfälligen Transithandel mit überseeischen Stickstoffverbindungen wie Chilesalpeter denkbar schlechte Voraussetzungen mit sich brachte, da entsprechende Ladungen mühsam per Eisenbahn durch das Territorium der Entente hätten transportiert werden müssen. Derartige Handelsströme konnten von den Alliierten nicht nur kontrolliert und beschränkt werden, vielmehr zeigte sich schon bald, dass selbst der zugelassene schweizerische Warenverkehr auf dem Schienennetz und in den Häfen der Entente mit niedrigster Priorität abgefertigt wurde.[457] Allein aufgrund der geographischen Lage kann ein Transithandel allerdings nicht ausgeschlossen werden, nicht zuletzt auch deshalb, weil die Schweiz sowohl vor als auch während des Kriegs nachweislich Chilesalpeter einführte. Der Import war vor Kriegsausbruch jedoch hauptsächlich über Deutschland erfolgt, und nur in bescheidenen Mengen auch über Frankreich und Belgien.[458] Mit dem Ausbruch des Kriegs fiel Deutschland als Zwischenlieferant weg, und die Einfuhren, die 1911 bis 1913 durchschnittlich rund 600 Jahrestonnen gebundenen Stickstoffs entsprochen hatten, sanken markant bis auf bescheidene 40 t Stickstoff im Jahr 1915. Reexportiert wurden

[456] Sieveking, Kriegswirtschaft: 12.
[457] Ochsenbein, Wirtschaftsfreiheit: 214; Hardach, Weltkrieg: 25.
[458] Abteilung für industrielle Kriegswirtschaft (Hg.), Übersicht: 41.

davon lediglich rund acht Jahrestonnen.[459] Ab 1916 blieben Wiederausfuhren von Chilesalpeter sogar gänzlich aus.

Nachweislich hatte die Schweiz nach Kriegsbeginn überdies selber mit einem Mangel an Chilesalpeter zu kämpfen. So hielt die Sektion Chemie der Abteilung für industrielle Kriegswirtschaft in einem Bericht fest: „Bei Ausbruch des Krieges wurden die Importe an primären Stickstoffverbindungen immer kleiner, um schliesslich beinahe auf Null zu sinken. Die Schweiz musste sich also in ihrem Stickstoffbedarfe selber genügen."[460] Sie befand sich damit in einer mit Deutschland durchaus vergleichbaren Versorgungslage: „In Summa ergibt sich das Bild, dass die Abhängigkeit der Schweiz vom Auslande bezüglich primärer Stickstoffverbindungen sich während des Krieges gerächt hat."[461] Zwar fiel der Salpeterimport der Schweiz weder *gänzlich* weg, noch hatte das Land mit einem auch nur annähernd so enormen Munitionsverbrauch wie Deutschland zu kämpfen. Einen nennenswerten Export von Chilesalpeter konnte sich die Schweiz dennoch unmöglich leisten.

Diese Aussage lässt sich auch durch das Zahlenmaterial zu den Schweizer Gesamtexporten an rohem Natrium- und Kaliumsalpeter stützen. Wie erwähnt, entsprachen diese im Jahr 1915 nur gerade acht Tonnen Stickstoff. Ein allfälliger Transithandel zu Gunsten Deutschlands hätte folglich in jedem Fall *unter* diesem Wert liegen müssen. Vergleicht man diese Menge mit den gegen 100'000 t Stickstoff, welche die deutsche Industrie im selben Jahr produzierte, wird deutlich, dass selbst der grösste über Schweizer Territorium theoretisch mögliche Transithandel an Chilesalpeter von vernachlässigbarer Grösse gewesen wäre. Von 1916 bis zum Ende des Kriegs wurde der Export von Chilesalpeter sogar gänzlich eingestellt.[462]

Auch ein nennenswerter Transithandel mit anderen Stickstoffverbindungen – wie Kalkstickstoff, Ammoniak, Salmiak oder Salmiakgeist – lässt sich ausschliessen, da diese Produkte während des

---

[459] Abteilung für industrielle Kriegswirtschaft (Hg.), Übersicht: 51.

[460] BAR E 7350 (-) 1000/1104 42 (q): 7.8.1918 – Bericht der Sektion Chemie über die Versorgung des Landes mit Stickstoffprodukten: 4.

[461] BAR E 7350 (-) 1000/1104 42 (q): 7.8.1918 –Bericht der Sektion Chemie über die Versorgung des Landes mit Stickstoffprodukten: 5.

[462] Abteilung für industrielle Kriegswirtschaft (Hg.), Übersicht: 51.

Kriegs praktisch gar nicht mehr in die Schweiz eingeführt wurden.[463] Lediglich *Ausfuhren* sind bei diesen Warengruppen verzeichnet, und dabei muss es sich logischerweise ausschliesslich um Schweizer Erzeugnisse gehandelt haben. Ähnlich verhielt es sich mit der Salpetersäure. Diese kriegswirtschaftlich enorm bedeutsame Stickstoffverbindung begann die Schweiz erst 1916 aus Staaten der Entente zu importieren, und damals hatte sie die Exporte nach Deutschland bereits eingestellt.[464] Auch Natriumnitrit wurde während des Kriegs erst dann eingeführt, als die Ausfuhren bereits unterbunden worden waren.[465] Ebenfalls ausgeschlossen werden kann ein Transithandel mit Ammoniumchlorid, das zwischen 1914 und 1918 praktisch gar nicht mehr ausgeführt wurde und dessen Importe zudem hauptsächlich aus Deutschland stammten.[466] Genau der umgekehrte Fall trat beim Ammoniumsulfat ein, das nach 1914 kaum mehr eingeführt werden konnte. Die einzige Ausnahme stellte ein 1915 eingeführter Posten von rund drei Jahrestonnen gebundenen Stickstoffs dar, der aufgrund seines verschwindend kleinen Umfangs jedoch kaum erwähnenswert ist.[467]

Dass die Schweiz im Ersten Weltkrieg zumindest anfänglich und in beschränktem Masse ein Transitland war und Deutschland somit teilweise zur Umgehung der Blockade durch die Alliierten diente, gilt in der Geschichtsschreibung als Tatsache.[468] Bekannt ist auch, dass die Entente derartige Handelsströme durch diverse Massnahmen – wie etwa durch die Einrichtung der Überwachungsgesellschaft Société suisse de surveillance économique (S.S.S.) – zu unterbinden versuchte und damit spätestens seit 1916 auch sehr erfolgreich war. Wie gezeigt werden konnte, ist im Falle der *Stickstoffverbindungen* ein durch die Schweiz ermöglichtes Unterlaufen der Blockade der Alliierten jedoch für die *gesamte* Dauer des Kriegs auszuschliessen.

---

[463] Abteilung für industrielle Kriegswirtschaft (Hg.), Übersicht: 54.
[464] Abteilung für industrielle Kriegswirtschaft (Hg.), Übersicht: 49.
[465] Abteilung für industrielle Kriegswirtschaft (Hg.), Übersicht: 52.
[466] Abteilung für industrielle Kriegswirtschaft (Hg.), Übersicht: 56.
[467] Abteilung für industrielle Kriegswirtschaft (Hg.), Übersicht: 56.
[468] Im Rahmen des mit den Mittelmächten geführten Kompensationshandels exportierte die Schweiz beispielsweise bis 1916 Reis. (Ochsenbein, Wirtschaftsfreiheit: 258.)

7.2 Der Export von Stickstoffverbindungen aus Schweizer Produktion

Im Gegensatz zu den aus Staaten der Entente importierten Stickstoffverbindungen, die *nicht* nach Deutschland weiterexportiert wurden, führte die Schweiz während des gesamten Kriegs regelmässig im Inland produzierte, stickstoffhaltige Chemikalien nach Deutschland aus. Obwohl dies von den Alliierten nicht gerne gesehen wurde, stellte es keine eigentliche Umgehung der Blockade dar, weil die betreffenden Stickstoffverbindungen von der Schweizer Industrie ausschliesslich auf der Grundlage inländischer sowie deutscher Ressourcen erzeugt worden waren. Die entsprechenden Warenströme unterlagen folglich weder der Kontrolle der S.S.S. noch hatte die Entente sonst eine rechtliche Handhabe, um sie zu beschränken. Solange die Schweiz keine der beiden Kriegsparteien benachteiligte, waren die Ausfuhren zudem auch neutralitätspolitisch unbedenklich.[469] Im Folgenden soll nun nachgewiesen werden, welche in der Schweiz erzeugten Stickstoffverbindungen in welchem Umfang nach Deutschland ausgeführt wurden.

7.2.1 Salpetersäure

Die Schweiz verfügte bereits vor Kriegsausbruch über eigene Produktionsanlagen zur Herstellung von Salpetersäure. Die älteste befand sich in Uetikon und basierte – wie praktisch die gesamte damalige deutsche Salpetersäureindustrie – auf der Umsetzung von Chilesalpeter mit Schwefelsäure. Bis 1912 war die *Chemische Fabrik Uetikon* die einzige inländische Quelle dieser kriegswirtschaftlich höchst relevanten Säure. Da der Verbrauch mit ihrem Ausstoss nicht gedeckt werden konnte, war die Schweizer Wirtschaft nebst dem Import von Chilesalpeter zusätzlich auch auf die Einfuhr von Salpetersäure ange-

---

[469] Gemäss Art. 7 bis 9 des Abkommens betreffend die Rechte und Pflichten der neutralen Mächte und Personen im Falle eines Landkriegs. Siehe Botschaft Friedenskonferenz: 257.

wiesen.[470] Diese Auslandabhängigkeit wurde erst im Jahr 1913 mit der Produktionsaufnahme des ersten, nach dem Lichtbogenverfahren arbeitenden Salpetersäurewerks der Schweiz durchbrochen. Die Anlagen wurden von der *Aluminium-Industrie-Aktien-Gesellschaft Neuhausen* in Chippis errichtet, wo ausreichende Mengen günstiger Wasserkraft zur Verfügung standen.[471] Wenig später eröffneten die *Nitrumwerke AG*, ein Ableger der deutschen Firma *Electrochemische Werke GmbH Bitterfeld,* im schweizerischen Bodio eine weitere, nach dem Lichtbogenverfahren arbeitende Salpetersäurefabrik.[472] Insgesamt erreichten die drei Werke im Jahr 1913 eine Produktion entsprechend 280 t gebundenen Stickstoffs, von der rund ein Fünftel exportiert wurde.[473]

Bereits ein Jahr nach der Inbetriebnahme der beiden neuen Werke führte der mit dem Krieg einhergehende Mangel an Chilesalpeter zu einer drastischen Reduktion der Produktion der Uetikoner Fabrik bis auf „unbedeutende Mengen" im Jahr 1915.[474] Die zunehmende Leistung der Anlagen in Bodio und Chippis vermochte diesen Rückgang jedoch mehr als nur auszugleichen, weshalb in den Jahren 1914 und 1915 auch in grösserem Umfang exportiert werden konnte. Während der Entente 1914 gar keine Salpetersäure geliefert wurde, erhielt Deutschland im selben Jahr eine Nettozufuhr entsprechend 124 t Stickstoff.[475] Die Lieferungen der Schweiz an die Alliierten erhöhten sich im Folgejahr zwar auf 25 t Stickstoff. Deutschland erhielt mit über 121 Jahrestonnen gebundenen Stickstoffs jedoch weiterhin wesentlich mehr.[476]

Nachdem die Kriegstechnische Abteilung des Eidgenössischen Militärdepartements (EMD) im Januar 1916 die „gesamte schweizerische Salpetersäureproduktion für die Sprengstoff-Produktion" beschlagnahmt hatte, wurden während der übrigen Kriegszeit nur noch

---

[470] Abteilung für industrielle Kriegswirtschaft (Hg.), Übersicht: 40.
[471] Aluminium-Industrie-Aktien-Gesellschaft, Geschichte: 130.
[472] BAR E 7350 (-) 1000/1104 42 (q): [o.J.] – Rapport über die Beschaffung von Salpetersäure für die schweizerische Industrie im Auftrag des Eidgenössischen Politischen Departements (E.W.): 2.
[473] Abteilung für industrielle Kriegswirtschaft (Hg.), Übersicht: 40.
[474] Abteilung für industrielle Kriegswirtschaft (Hg.), Übersicht: 48.
[475] Schweizerisches Zolldepartement (Hg.), Statistik 1914: 171.
[476] Schweizerisches Zolldepartement (Hg.), Statistik 1915: 163.

geringe Mengen ausgeführt.[477] Entgegen den Statistiken des Eidgenössischen Zolldepartements und der Abteilung für industrielle Kriegswirtschaft des EVD – die übereinstimmend angaben, dass die Exporte von Salpetersäure ab 1917 auf Null gesunken seien – bringen andere Quellen zutage, dass weiterhin ein beschränkter Kompensationshandel mit Deutschland stattgefunden haben muss. Aufgrund eines Schreibens des WUMBA lässt sich beispielsweise beweisen, dass die Schweiz 1917 als Kompensation für die Einfuhr deutscher Sprengkapseln rund zwei Tonnen Salpetersäure ausführte.[478] Ein weiteres Beispiel lässt sich anhand eines im Jahr 1918 verfassten Schreibens aus dem Schweizer Armeestab rekonstruieren. Darin wird bestätigt, dass die Schweizer Armee der KRA im Gegenzug für eine Lieferung Ammonsalpeter eine Menge Salpetersäure entsprechend rund 20 t gebundenen Stickstoffs abgegeben habe, und dass noch weitere 15 t Stickstoff ausstehend seien.[479] Andere Schreiben wiederum belegen, dass die Schweiz zur Kompensation für Lieferungen deutscher Materialien, die zum Betrieb und zur Erweiterung des Salpetersäurewerks in Bodio erforderlich waren, einige Monatstonnen Salpetersäure nach Deutschland ausführen musste.[480]

Daraus lässt sich schliessen, dass auch *nach* der allgemeinen Beschlagnahmung von Salpetersäure im Jahr 1916 weiterhin welche nach Deutschland ausgeführt wurde, was jedoch ab dem Jahr 1917 in den offiziellen Statistiken nicht mehr deklariert wurde. Als mögliche Erklärung für diesen offensichtlichen Fehler lässt sich anführen, dass die ab 1917 gelieferten Mengen an Salpetersäure nicht nur äusserst gering

---

[477] BAR E 7350 (-) 1000/1104 42 (q): [o.J.] – Rapport über die Beschaffung von Salpetersäure für die schweizerische Industrie im Auftrag des Eidgenössischen Politischen Departements (E.W.): 1; Schweizerisches Zolldepartement (Hg.), Statistik 1916: 161.

[478] BArch R 8729 288: 7.2.1917 – Schreiben des Waffen- und Munitionsbeschaffungs-Amts an die Kriegs-Chemikalien-Aktiengesellschaft.

[479] BAR E 27 18683 2: 4.10.1918 – „In Vertretung“ unterschriebenes Schreiben des Chefs des Generalstabs der Schweizer Armee an Major i. Gst. von Bismarck, Militärattaché bei der Kaiserlich Deutschen Gesandtschaft in Bern.

[480] BAR E 7350 (-) 1000/1104 42 (q): 22.6.1916 – Konzept der Handelsabteilung des Schweizerischen Politischen Departements für die Kaiserlich Deutsche Gesandtschaft in Bern; BAR E 7350 (-) 1000/1104 42 (q): 19.6.1916 – Schreiben der Kaiserlich Deutschen Gesandtschaft an die Handelsabteilung des Schweizerischen Politischen Departements.

waren, sondern teilweise zur Kompensation von Erzeugnissen eingesetzt wurden, zu deren Herstellung die deutsche Industrie selber Salpetersäure benötigte. Beispielsweise entsprach der Stickstoffgehalt der erwähnten Einfuhr an Ammonsalpeter ziemlich genau der Menge an gebundenem Stickstoff, die als Kompensation in Form von Salpetersäure ausgeführt wurde.[481] Auch im Falle der Lieferung deutscher Sprengkapseln stellte die Schweiz seinem nördlichen Nachbarn lediglich das zur Herstellung erforderliche Quantum an Salpetersäure zur Verfügung. Folglich hatte die Schweiz in diesen Fällen im Grunde genommen einzig die Produktion nach Deutschland ausgelagert. Eine Nettoausfuhr von gebundenem Stickstoff fand dabei nicht statt.

Anders verhält es sich beim Export von Salpetersäure als Gegenleistung für den Import von Materialien, die für den Betrieb und den Ausbau der Salpetersäurewerke erforderlich waren. In diesem Fall kann zwar eine Nettoausfuhr von Stickstoff aus der Schweiz festgestellt werden. Im Gegenzug konnte die Schweiz jedoch ihre eigene Salpetersäureerzeugung nicht nur aufrechterhalten, sondern diese auch über das abzuliefernde Quantum hinaus erhöhen. Was allerdings aufhorchen lässt, ist der Umstand, dass ein Teil der Schweizer Produktion – und damit auch ein Teil der schweizerischen Explosivstoffversorgung – von der Lieferung deutscher Zwischenprodukte abhängig war. In einem Rapport an das Politische Departement wird die Sache auf den Punkt gebracht: „Ob also Bodio läuft oder nicht ist ganz vom guten Willen der elektrochemischen Werke Bitterfeld und der deutschen Regierung abhängig.“ Man könne daher „mit dieser Fabrik für die Landesverteidigung bei der geringsten Complikation mit Deutschland überhaupt nicht rechnen.“[482] Die Abhängigkeit ist darauf zurückzuführen, dass die Nitrumwerke AG als ursprünglich deutsches Unternehmen auch deutsche Technologie verwendete. Mit der im Jahr 1915 erfolgten Aufteilung der Firma in das deutsche Werk Rhina und das schweizerische Werk Bodio gelangte die Salpetersäureerzeugung der

---

[481] 100 t Ammoniumnitrat enthalten ziemlich genau gleich viel gebundenen Stickstoff wie die zur Kompensation eingesetzten 160 t Salpetersäure. Umrechnungstabelle: Siehe Anhang 1.

[482] BAR E 7350 (-) 1000/1104 42 (q): [o.J.] – Rapport über die Beschaffung von Salpetersäure für die schweizerische Industrie im Auftrag des Eidgenössischen Politischen Departements (E.W.): 3-4.

Schweiz zwar in die Hand inländischer Unternehmen.[483] Die einmal gewählte Technologie und damit auch die Abhängigkeit davon blieben jedoch erhalten. Lediglich Chippis war von Beginn weg gänzlich unabhängig von ausländischen Zufuhren.

Hinsichtlich der Bewertung der Schweizer Salpetersäureexporte nach Deutschland ist bezeichnend, dass diese Ausfuhren mit der Periode 1914 bis 1915 exakt dann ihr Maximum erreichten – nämlich 121 bis 124 Jahrestonnen gebundenen Stickstoffs –, als in Deutschland die Umstellung auf die von Chilesalpeter unabhängige Ammoniakoxidation noch im vollen Gange war. Wie in den vorhergehenden Kapiteln dargelegt wurde, herrschte in Deutschland ein akuter Mangel an Salpetersäure insbesondere Mitte 1915. Interessant ist ferner, dass die Schweizer Ausfuhren erst zu Beginn des Jahres 1916 massiv reduziert wurden, d.h., nachdem in Deutschland die Ammoniakoxidation bereits in genügendem Masse eingesetzt hatte. Ob dies bewusst so gesteuert worden war, wird in der vorliegenden Arbeit nicht behandelt und muss hier daher offen gelassen werden.

Insgesamt ist zum Umfang der Schweizer Salpetersäureexporte zu sagen, dass diese auf die deutsche Versorgungslage einen äusserst bescheidenen Einfluss hatten. Deutlich wird dies, wenn die zwischen Kriegsbeginn und Ende 1915 nach Deutschland ausgeführte Menge Salpetersäure von insgesamt rund 177 t Stickstoff dem Gesamtverbrauch des deutschen Heeres von 55'000 t Stickstoff gegenübergestellt wird. Die Schweizer Salpetersäure deckte in dieser Zeit folglich nur rund 0.3% des Verbrauchs der deutschen Streitkräfte. Die Ausfuhren nach 1916 waren in ihrem Umfang sogar noch um ein Vielfaches geringer, weshalb sie als vernachlässigbar bezeichnet werden können.

7.2.2 Calciumcyanamid

Eine weitere Stickstoffverbindung, welche die Schweizer Industrie unabhängig von einer Zufuhr an Chilesalpeter herstellen konnte, war Calciumcyanamid. Wie schon das Lichtbogenverfahren war auch das Kalkstickstoffverfahren für Schweizer Verhältnisse insofern be-

[483] Geering, Handel: 700.

sonders geeignet, als dank der Wasserkraft ausreichende Mengen elektrischer Energie verfügbar waren. Viel Energie erforderte die Erzeugung von Kalkstickstoff daher, weil sie auf der Azotierung von Calciumcarbid basierte, welches durch Verschmelzung von gebranntem Kalk und Koks in elektrischen Öfen gewonnen wurde. Sowohl Elektrizität als auch Kalk waren in der Schweiz reichlich vorhanden. Lediglich Kohle bzw. Koks musste aus dem Ausland eingeführt werden. Es ist daher nicht weiter erstaunlich, dass die Schweiz bereits vor Kriegsbeginn über eine mit neun Werken als ausgewachsen zu bezeichnende Carbidindustrie verfügte. Obwohl damit auch die Basis für eine Kalkstickstoffindustrie vorhanden gewesen wäre, wurde vor Kriegsbeginn ausschliesslich in Martigny Calciumcyanamid erzeugt.[484] Die Produktion entsprach 1913 rund 1'690 t gebundenen Stickstoffs, wovon 1'480 t zur Ausfuhr gelangten.[485] Welche Länder im Einzelnen mit Schweizer Kalkstickstoff beliefert wurden, kann anhand der Statistiken des Schweizerischen Zolldepartements leider nicht rekonstruiert werden, da Kalkstickstoff und Phosphatdüngemittel in *einer* Position zusammengefasst wurden.[486] Der Sektion Chemie der Abteilung für industrielle Kriegswirtschaft gelang es jedoch, die Ausfuhren anhand von Produzentenangaben nach Düngersorte und ab 1915 zudem nach Bestimmungsland aufzuschlüsseln.

Nach Ausbruch des Kriegs erhöhte sich die Anzahl der Kalkstickstoffwerke auf deren zwei. Neu trug auch das Elektrizitätswerk Lonza AG mit einem Werk in Gampel zur Erzeugung bei, wodurch im Jahr 1915 insgesamt rund 2'659 t Stickstoff fixiert werden konnten. Auch von dieser Menge wurde der grösste Teil exportiert. Mit 1'490 t Stickstoff war Deutschland der wichtigste Bezüger. Der Entente wurde im gleichen Jahr (1915) nur 850 t Stickstoff zugeführt.[487] Im Jahr 1916 erhöhten sich die Exporte auf 2'184 t Stickstoff für Deutschland und 1'820 t Stickstoff für die Entente. Im Gegensatz zu den Ausfuhren von Salpetersäure, die das EMD nach 1916 praktisch unterband, konnte Calciumcyanamid in den letzten beiden Kriegsjahren weiterhin exportiert werden. So erhielt Deutschland in den Jahren 1917 und 1918 Kalkstickstoff entsprechend 1'170 t bzw.

[484] Geering, Handel: 714.
[485] Abteilung für industrielle Kriegswirtschaft (Hg.), Übersicht: 46.
[486] Siehe beispielsweise Schweizerisches Zolldepartement (Hg.), Statistik 1917: 168.
[487] Abteilung für industrielle Kriegswirtschaft (Hg.), Übersicht: 58.

904 t Stickstoff, während der Entente für einmal grössere Mengen gebundenen Stickstoffs zugeführt wurden, nämlich 2'170 t bzw. 1'783 t.[488] Im Vergleich zu den für Deutschland bestimmten Schweizer Ausfuhren an Salpetersäure, die nur einige Promille des deutschen Heeresverbrauchs ausmachten, ging es beim Export von Calciumcyanamid um eine wesentlich grössere Stickstoffzufuhr. Beispielsweise entsprach der deutsche Bezug von Schweizer Kalkstickstoff 1916 rund 3% der Menge an Stickstoff-Handelsdünger, welche der deutschen Landwirtschaft im selben Jahr gesamthaft zugeführt wurde.[489]

Mit ihrer Kalkstickstoffindustrie verfügte die Schweiz auch für den Bedarf der eigenen Landwirtschaft über eine geeignete Stickstoffquelle. Hingegen bestand bei Kalium- und Phosphordünger eine weitgehende Auslandabhängigkeit. Wie einem Schreiben des EVD an das Politische Departement zu entnehmen ist, leistete der Kalkstickstoff auch zur Behebung dieses Mangels gute Dienste, indem er zur Kompensation für die Einfuhr entsprechender Handelsdünger aus Deutschland eingesetzt wurde: „Wir bekommen Kalidünger und Thomasmehl gegen Kalkstickstoffdünger und Heu."[490] Der hier verwendete Begriff „Kalkstickstoffdünger" soll jedoch nicht darüber hinwegtäuschen, dass keineswegs Illusionen darüber bestanden, dass auch aus der Schweiz stammendes Calciumcyanamid in Deutschland in Salpetersäure und anschliessend in Explosivstoffe umgearbeitet wurde. Dass eine derartige Verwendung sogar im Vordergrund stand, geben selbst die betreffenden Firmen unumwunden zu.[491] So schrieb die Lonza AG etwa: „Damals stand in den kriegführenden Ländern die Verwertung des Kalkstickstoffs als Ausgangsprodukt für Schiesspulver und Sprengstoff im Vordergrund."[492]

---

[488] Abteilung für industrielle Kriegswirtschaft (Hg.), Übersicht: 58.
[489] Aereboe, Einfluss: 43.
[490] BAR E 2001 (A) 917: 24.7.1915 – Schreiben der Abteilung für Landwirtschaft des Schweizerischen Volkswirtschaftsdepartements an das Politische Departement.
[491] Lonza (Hg.), 50 Jahre: 10.
[492] Fux, 100 Jahre: 30.

7.2.3 *Ammoniak aus Kohle*

Die Ausfuhr von in der Schweiz erzeugten Stickstoffverbindungen umfasste nebst Salpetersäure und Calciumcyanamid auch Ammoniak. Da das Hochdruckverfahren in der Schweiz erst nach dem Ersten Weltkrieg verwirklicht und auch die Umsetzung von Kalkstickstoff nicht vor 1918 aufgenommen wurde, stammte das Ammoniak ausschliesslich aus Kokereien und Gaswerken.[493] Zur Ermittlung des Umfangs der Exporte erwiesen sich die offiziellen Zollstatistiken der Schweiz einmal mehr als unbrauchbar. Dies daher, weil Ammoniak hauptsächlich in drei verschiedenen Formen gehandelt wurde. Während für „Salmiakgeist" und „verflüssigtes Ammoniak", jeweils eine eigene Zollposition existierte, wurde „Gaswasser" unter der Sammelposition 999 für „nicht genannte chemische Rohstoffe zu gewerblichem Gebrauch" geführt.[494] Da dies eine Quantifizierung der Gesamtausfuhr an Ammoniak verunmöglicht, musste auf das Zahlenmaterial der Abteilung für industrielle Kriegswirtschaft zurückgegriffen werden, die sich ihrerseits auf Angaben der Industrie stützte. Leider wurden die Exporte in diesen Statistiken nicht nach Bestimmungsland aufgeschlüsselt. Angegeben wurde lediglich, dass „als Abnehmer für Gaswasser und Salmiakgeist […] vor allem die Zentralmächte" auftraten. Zumindest die ungefähre Grössenordnung der Ammoniakausfuhr nach Deutschland kann daher abgeschätzt werden.[495] Diese dürfte 1914 rund 300 t und in den Folgejahren 250 t (1915), 100 t (1916) und 20 t (1917) gebundenen Stickstoffs betragen haben. Im Jahr 1918 wurde schliesslich überhaupt kein Ammoniak mehr exportiert.[496] Dass die Ausfuhren ausgerechnet nach 1915 stark abnahmen, dürfte sich primär damit erklären lassen, dass der Export von Ammoniak erst zu diesem Zeitpunkt bewilligungspflichtig wurde.[497]

Bei der Beurteilung der Bedeutung, welche diese Exporte für die deutsche Kriegswirtschaft hatten, ist zu berücksichtigen, dass Ammoniak in der Schweiz fast ausschliesslich durch Trockendestillation

---

[493] Wanner, 75 Jahre: 11, 23.
[494] Siehe z.B. Schweizerisches Zolldepartement (Hg.), Statistik 1915: 161.
[495] Abteilung für industrielle Kriegswirtschaft (Hg.), Übersicht: 55.
[496] Abteilung für industrielle Kriegswirtschaft (Hg.), Übersicht: 54.
[497] Bundesratsbeschluss Ausfuhrverbote, 5.11.1915: 359.

deutscher Kohle gewonnen wurde. Für Deutschland stellte die Zufuhr eines Teils dieses Ammoniaks somit nicht etwa eine zusätzliche externe Stickstoffzufuhr, sondern gewissermassen eine Minderung des Ausfalls der eigenen Ammoniakerzeugung dar, der durch die Kohleexporte an die Schweiz entstanden war. Dass von der Schweizer Wirtschaft nicht benötigte, aus deutscher Kohle gewonnene Nebenprodukte nach Deutschland exportiert wurden, scheint zwischen den beiden Nachbarländern sogar offiziell als eine Bedingung für weitere Kohlelieferungen seitens der Deutschen vereinbart worden zu sein.[498]

7.2.4 Die Gesamtausfuhr von Stickstoffverbindungen

Insgesamt stellte die Ausfuhr von Kalkstickstoff den mit Abstand grössten, für Deutschland bestimmten Stickstoffexport der Schweizer Wirtschaft dar. Wie aus Abbildung 13 ersichtlich ist, übertraf das Calciumcyanamid die Lieferungen an Ammoniak und Salpetersäure um ein Mehrfaches und erreichte seinen Höhepunkt im Jahr 1916 – also exakt dann, als die anderen Stickstoffausfuhren bereits stark im Sinken begriffen waren. Zwar nahmen die Kalkstickstoffexporte ab 1917 ebenfalls ab, doch sanken sie in keinem der Kriegsjahre unter 900 Jahrestonnen gebundenen Stickstoffs.

Während die Relevanz der Ausfuhr von Calciumcyanamid eindeutig in ihrem *Umfang* bestand, lag die Bedeutung der vergleichsweise geringen Salpetersäurelieferungen primär in ihrer *Eigenschaft* als Grundsubstanz für die Herstellung von Explosivstoffen begründet. Die bescheidene Menge gebundenen Stickstoffs soll daher nicht darüber hinwegtäuschen, dass auch die Säureexporte sehr gefragt waren und dass sie mit dazu beitrugen, dass dem deutschen Heer die Munition in der Salpeterkrise des Jahres 1915 nicht vollständig ausging. Insgesamt kann der Einfluss der Schweizer Stickstoffexporte auf die deutsche Stickstoffversorgung dennoch als gering bezeichnet werden, da die Ausfuhren selbst im deutschen Krisenjahr 1915 lediglich rund 2% der deutschen Gesamtproduktion entsprachen.[499]

---

[498] Ochsenbein, Wirtschaftsfreiheit: 194.
[499] Siehe Anhänge 8 und 9.

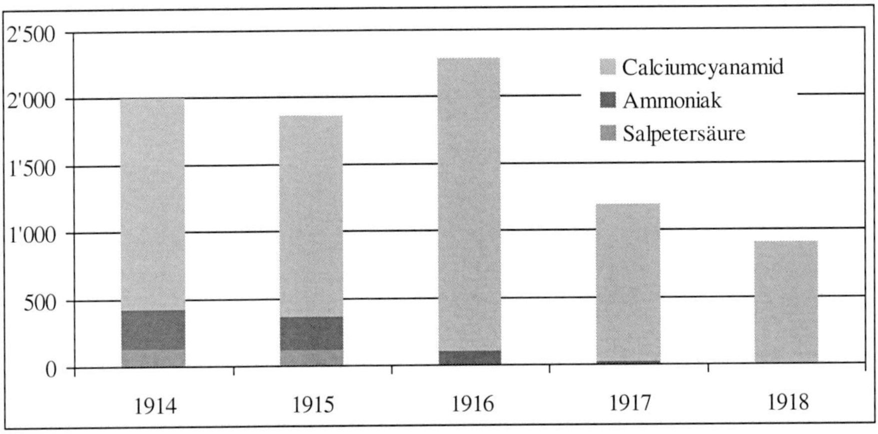

Abb. 13: Die Ausfuhr in der Schweiz produzierter Stickstoffverbindungen nach Deutschland in Tonnen Stickstoff[500]

7.3 Die Ausfuhr von Zwischenprodukten und Ressourcen

7.3.1 Calciumcarbid

Wie bereits verschiedentlich dargelegt wurde, beruhte das Kalkstickstoffverfahren auf dem Prinzip, Calciumcarbid in einer exothermen chemischen Reaktion mit reinem Stickstoff zu verbinden. Dabei musste sowohl für die Aktivierung der Reaktion als auch für die vorgeschaltete Gewinnung reinen Stickstoffs ein gewisses Quantum an Energie aufgewendet werden. Dieses war im Vergleich zu den gewaltigen Energiemengen, welche die Produktion von Calciumcarbid erforderte, jedoch geradezu verschwindend klein.[501] Das Kalkstickstoffverfahren war folglich nicht wegen des Prozesses der Azotierung besonders energieaufwändig, sondern aufgrund der zuvor erfolgenden Gewinnung des Zwischenprodukts Calciumcarbid. Nicht zu unrecht bezeichnete die Lonza AG Carbid in einer zeitgenössischen Firmenschrift als „den verbreitetsten und einfachsten Accumulator der elekt-

[500] Datenquelle: Anhang 9.
[501] Waeser, Luftstickstoff-Industrie, 1. Auflage: 286.

rischen Energie [...], durch dessen Vermittlung grosse Energiemengen unserer Gebirgswasser aufgespeichert [...] werden" konnten.[502]

Wie im Zusammenhang mit der Entwicklung der deutschen Kalkstickstoffindustrie bereits aufgezeigt wurde, erreichten die meisten der im Ersten Weltkrieg errichteten *deutschen* Werke den vorgesehenen Produktionsumfang in den Jahren 1917 und 1918 in erster Linie daher nie, weil sie aufgrund von Kohlemangel nicht ausreichend mit elektrischer Energie versorgt werden konnten. Zusätzlich fehlte es den Fabriken an Arbeitskräften und teilweise auch an gebranntem Kalk. Konnte ein Werk extern Calciumcarbid beziehen, so bedeutete dies nicht nur eine Ersparnis an Kalk und Arbeitskräften, sondern in erster Linie eine enorme Verminderung des damals besonders stark ins Gewicht gefallenen Energieverbrauchs.

Angesichts der ausgeprägten Carbidindustrie der Schweiz drängt sich die Frage auf, ob und inwieweit Schweizer Calciumcarbid auch zur Stützung der deutschen Kalkstickstoffwirtschaft verwendet worden ist. Ein Blick in die Zollstatistiken zeigt, dass die Schweizer Wirtschaft tatsächlich während des gesamten Kriegs grosse Mengen an Calciumcarbid nach Deutschland ausführte. Die Nettoexporte betrugen in den einzelnen Kriegsjahren 29'547 t (1914)[503], 48'631 t (1915)[504], 46'251 t (1916)[505], 37'843 t (1917)[506] und 44'210 t (1918)[507]. Insgesamt wurden in den fünf Jahren 206'482 t Calciumcarbid nach Deutschland exportiert. Die Entente konnte in derselben Zeitspanne vergleichsweise nur 61'356 t aus der Schweiz beziehen.[508] Bei einer Produktion von 361'080 t bedeutet dies, dass sich Deutschland über 57% der gesamtschweizerischen Carbiderzeugung sichern konnte, während die Alliierten insgesamt weniger als 17% erhielten.[509] Es wird somit deutlich, dass die Schweizer Carbidwerke während des Ersten Weltkriegs nicht nur überwiegend für den Export, sondern auch hauptsächlich für Deutschland produzierten. In Abbildung 14 werden die Grössenver-

[502] Elektrizitätswerk Lonza (Hg.), Elektrizitätswerk: 32.
[503] Schweizerisches Zolldepartement (Hg.), Statistik 1914: 169.
[504] Schweizerisches Zolldepartement (Hg.), Statistik 1915: 161.
[505] Schweizerisches Zolldepartement (Hg.), Statistik 1916: 160.
[506] Schweizerisches Zolldepartement (Hg.), Statistik 1917: 151.
[507] Schweizerisches Zolldepartement (Hg.), Statistik 1918: 142.
[508] Abteilung für industrielle Kriegswirtschaft (Hg.), Überblick: 112.
[509] Abteilung für industrielle Kriegswirtschaft (Hg.), Überblick: 111.

hältnisse zwischen dem Inlandverbrauch und dem Export in die beiden gegnerischen Lager grafisch dargestellt.

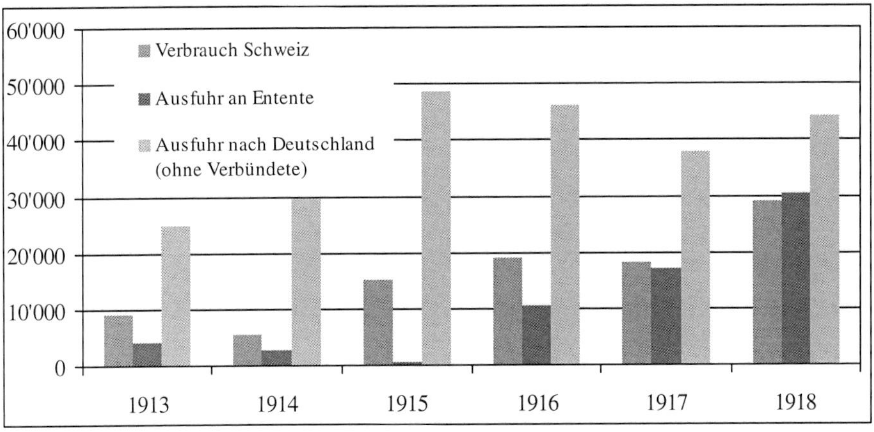

Abb. 14: Gegenüberstellung des Schweizer Inlandverbrauchs an Calciumcarbid mit den Exporten an die Entente und an Deutschland in Tonnen[510]

Dass sich Deutschland während des Ersten Weltkriegs einen dermassen grossen Anteil an der schweizerischen Carbiderzeugung sichern konnte, lässt sich u.a. damit erklären, dass die deutsche Wirtschaft bereits in der Vorkriegszeit die mit Abstand wichtigste Abnehmerin der schweizerischen Carbidindustrie war und als solche beispielsweise schon im Jahr 1913 über die Hälfte des Schweizer Calciumcarbids importierte.[511] Da die Ausfuhr dieses Produkts aus der Schweiz – im Gegensatz zu den meisten Stickstoffverbindungen – erst im März 1916 bewilligungspflichtig wurde, konnte sich die deutsche Wirtschaft die Schweizer Erzeugung völlig regulär mittels privatwirtschaftlicher Verträge sichern.[512]

Auch die deutsche Heeresverwaltung war sich der hohen kriegswirtschaftlichen Bedeutung von Calciumcarbid bewusst. Wie

[510] Datenquelle: Anhang 10.
[511] Abteilung für industrielle Kriegswirtschaft (Hg.), Überblick: 111, 112.
[512] BAR E 7350 (-) 1000/1104 39-40: 20.12.1917 – Schreiben der Sektion Chemie der Abteilung für industrielle Kriegswirtschaft an das Bezirksgericht Zürich; Bundesratsbeschluss Ausfuhrverbote, 6.3.1916: 72.

die Quellen zeigen, versuchte sie spätestens seit 1916 möglichst viele Schweizer Produzenten zur Lieferung ihrer Produktion nach Deutschland zu verpflichten. Ganz offensichtlich sollten dadurch Exporte an die Alliierten verhindert bzw. verringert werden. Die KCA hielt hierzu fest: „Von Seiten der Heeresverwaltung muss ausserdem Wert darauf gelegt werden, das schweizerische Carbid für Deutschland zu erfassen, weil sonst sicher dieses Carbid in die Kriegswirtschaft des Feindes überginge und damit die feindliche Position gestärkt würde.“[513] Mit diesem Ansinnen war der deutsche Staat auch nach dem Erlass des Schweizer Ausfuhrverbots für Calciumcarbid sehr erfolgreich. In einem Sonderabkommen im Anhang des deutsch-schweizerischen Handelsabkommens vom 2. September 1916 wurde der deutsche Anspruch auf das Carbid endgültig zementiert und von der offiziellen Schweiz bestätigt.[514] Als Kompensation für deutsche Lieferungen von Kohle und Stahl verpflichtete sich die Schweiz nicht nur zur grundsätzlichen Bewilligung der Ausfuhr von Calciumcarbid, sondern u.a. auch zur Erfüllung einer ganzen Reihe von Lieferverträgen, welche die KCA bzw. die KMA zuvor mit Schweizer Carbidfabriken systematisch abgeschlossen hatte.[515] Immerhin wurde der Schweiz später das Recht zugestanden, für den eigenen Bedarf bis zu 20% der Produktion „der für Deutschland arbeitenden schweizerischen Werke zurückzuhalten.“[516] Ausserdem verpflichtete sich der deutsche Staat zur Lieferung einiger zur Herstellung von Calciumcarbid erforderlicher Rohmaterialien wie Koks, Anthrazit, Blech und Elektroden.[517]

Von kriegswirtschaftlicher Relevanz war das Calciumcarbid nicht alleine aufgrund seiner Eignung für die Herstellung von Calciumcyanamid; genauso wichtig war es zur Erzeugung von Acetylen, einem Gas, das Beleuchtungszwecken diente und auch zum Schweis-

---

[513] BArch R 8729 340: 15.3.1918 – Niederschrift betr. Karbid in den Räumen der Kalchemie.

[514] BAR E 7350 (-) 1000/1104 5: September 1916 – Anlage I des Deutsch-Schweiz. Abkommens, Sonder-Abkommen über Hüttenaluminium, Aluminium-Legierungen und Produkte des elektrischen Ofens, sowie elektrische Energie.

[515] BAR E 7350 (-) 1000/1104 5: September 1916 – Verzeichnis der zu Anlage I des Deutsch-Schweiz. Abkommens gehörigen Verträge.

[516] BAR E 7350 (-) 1000/1104 5: 15. Mai 1918 – Anlage II des Deutsch-Schweiz. Abkommens vom September 1916.

[517] Siehe beispielsweise R 8729 340: 17.11.1916 – Vertrag zwischen der Kriegs-Metall-Aktiengesellschaft und der Firma Elektrizitätswerk Lonza AG: 2.

sen Verwendung fand. In der Stahlindustrie wurde Calciumcarbid zudem als Entschweflungs- und Desoxidationsmittel angewandt.[518] Wieviel Schweizer Carbid in Deutschland genau welchem Verwendungszweck zugeführt wurde, lässt sich jedoch nicht mehr rekonstruieren, da ab 1916 die meisten Lieferungen an deutsche Verkaufsgenossenschaften gesandt werden mussten, die das Carbid dann im Auftrag der Behörden den verschiedenen Verbrauchern zuteilten.[519] „Zwischen Karbid für Beleuchtungszwecke oder für Kalkstickstofffabrikation" wurde bei diesen Schweizer Lieferungen ausdrücklich *nicht* unterschieden.[520]

Dass zumindest ein Teil des aus der Schweiz stammenden Calciumcarbids der deutschen Kalkstickstoffindustrie zugeführt wurde, lässt sich jedoch einwandfrei beweisen. So liegt beispielsweise ein Vertrag vor, in welchem die Lonza AG sich dazu verpflichtete, einen mit „den Bayrischen Stickstoffwerken in Trostberg" bestehenden Verkaufskontrakt an die Kriegsmetall AG (KMA) zu übertragen.[521] Aus einem anderen Schreiben geht hervor, dass Gustav Weinmann, ein weiterer Schweizer Produzent, sich von der KCA bestätigen liess, in Zukunft nicht mehr an die deutschen Kalkstickstoffwerke liefern zu müssen, da diese einen gerichtlichen Prozess gegen ihn führten.[522] Gemäss einer weiteren Quelle wurde Weinmann – der Vereinbarung zum Trotz – bereits wenig später erneut zur Lieferung an die AG für Stickstoffdünger in Knapsack angehalten.[523] Weitere eindeutige Hinweise für eine Verwendung von geliefertem Calciumcarbid in der Stickstoffindustrie finden sich auch in Sitzungsprotokollen und sogar in einem Zeitungsausschnitt.[524] Die Belieferung der deutschen Stickstoffwirtschaft mit Schweizer Carbid kann somit als erwiesen gelten.

---

[518] Winteler, Elektrochemie: 21.

[519] BAR E 7350 (-) 1000/1104 39-40 (f): 22.8.1916 – Protokoll über die Carbidsitzung.

[520] BAR E 7350 (-) 1000/1104 39-40 (f): 21.8.1916 – Protokoll über die Carbidsitzung.

[521] BArch R 8729 340: 17.11.1916 – Vertrag zwischen der Kriegs-Metall-Aktiengesellschaft und der Firma Elektrizitätswerk Lonza AG: 3.

[522] BArch R 8729 337: 16.1.1917 – Schreiben der Kriegschemikalien AG.

[523] BArch R 8729 338: 30.5.1917 – Schreiben der Kaiserlich Deutschen Gesandtschaft in Bern an die Kriegschemikalien-Aktiengesellschaft.

[524] BAR E 7350 (-) 1000/1104 39-40: 22.8.1916 – Protokoll über die Carbidsitzung: 2; BArch R 3601 746: 1919 – Zeitungsartikel „Liebesgabenpolitik in der Bewirtschaftung der Düngemittel".

Im Gegensatz zu den Zentralmächten erwachte das Interesse der Alliierten an Schweizer Calciumcarbid erst im Jahr 1916 – zu einem Zeitpunkt also, zu welchem Deutschland sich bereits einen bedeutenden Teil der bestehenden Produktion vertraglich gesichert hatte. Um an grössere Mengen des begehrten Erzeugnisses zu gelangen, mussten die Ententestaaten daher erst den Bau neuer Fabriken abwarten.[525] Für die französische Botschaft in Bern war dies Anlass genug, um sich bei Bundesrat Hoffmann, dem Chef des Politischen Departements, über die ihrer Ansicht nach bestehende Ungleichbehandlung zu beschweren. Sie verlieh dabei auch ihrer Überzeugung Ausdruck, dass Deutschland das Schweizer Calciumcarbid nur zur Produktion von Explosivstoffen verwenden könne.[526]

Wie bereits erwähnt, kann nicht genau quantifiziert werden, welche Mengen Schweizer Calciumcarbids schliesslich tatsächlich der deutschen Kalkstickstofferzeugung zugeführt wurden. Da der Carbidbedarf der deutschen Stickstoffwirtschaft sehr gross war und durch die eigene Produktion nachweislich *nicht* gedeckt werden konnte, ist jedoch davon auszugehen, dass beträchtliche Mengen der Schweizer Lieferungen einer entsprechenden Verwendung zugeführt wurden.[527] Für die Bewertung des Einflusses der Schweizer Carbidausfuhren auf die deutsche Versorgung mit Stickstoffverbindungen ist eine exakte Aufschlüsselung des Verwendungszwecks allerdings auch gar nicht unbedingt erforderlich. Angesichts der durch die Heeresverwaltung vorgenommenen Verteilung der in Deutschland verfügbaren Mengen trugen zweifellos auch die nicht direkt zur Kalkstickstofferzeugung verwendeten Importe indirekt zu einer verbesserten Carbidversorgung der Stickstoffwirtschaft bei. Theoretisch hätte aus den in den Jahren 1914 bis 1918 nach Deutschland ausgeführten 206'482 t Calciumcarbid rund 275'310 t Kalkstickstoff hergestellt werden können, was 55'000 t gebundenen Stickstoffs entspricht.[528] Selbst unter der Annahme, dass lediglich die Hälfte des aus der Schweiz nach Deutsch-

---

[525] Abteilung für industrielle Kriegswirtschaft (Hg.), Überblick: 112.

[526] BAR E 2001 (A) 897: 6.6.1916 – Schreiben der Ambassade de la République Française en Suisse an den Chef des Politischen Departements, Bundesrat Hoffmann: 1-2.

[527] BArch R 8729 343: 30.3.1917 – Schreiben der Abteilung Reichswerke der Bayrischen Stickstoff-Werke AG an den Staatssekretär des Reichsschatzamtes.

[528] Umrechnungsfaktor: Waeser, Luftstickstoffindustrie, 1. Auflage: 281.

land exportierten Calciumcarbids der Kalkstickstofferzeugung zugute kam, konnte daraus immer noch eine Produktion von insgesamt 27'500 t Stickstoff erzielt werden. Dies entspricht mehr als dem *Dreifachen* der für Deutschland bestimmten Schweizer Gesamtausfuhren an eigentlichen Stickstoffverbindungen oder *20%* der in derselben Zeitspanne erzielten deutschen Gesamterzeugung an Calciumcyanamid.[529]

7.3.2 Elektrizität

Während der Export von Calciumcarbid und von Stickstoffverbindungen aus der Schweiz erst im Verlauf des Kriegs bewilligungspflichtig wurde, bedurfte die „Abgabe von elektrischer Energie, welche aus inländischer Wasserkraft gewonnen wird, ins Ausland" bereits seit dem 31. März 1906 einer „bundesrätlichen Bewilligung".[530] Da praktisch sämtliche eingereichten Ausfuhrgesuche genehmigt wurden, kamen vor und während des Ersten Weltkriegs zahlreiche Exporte zustande.[531] Die Bedeutung, welche diese Ausfuhren für die Empfängerstaaten hatte, schätzte der Schweizerische Bundesrat während des Kriegs immerhin so hoch ein, dass er eine „Unterbrechung [der] Abgabe elektrischer Energie" sogar als „Waffe" in Erwägung zog.[532] Umgekehrt sahen auch die deutschen Behörden in der Schweizer Elektrizität einen gewissen Wert, weshalb sie sich die Zufuhr im deutsch-schweizerischen Staatsvertrag von 1916 explizit zusichern liessen. Der Vertragstext lautete: „Die laufenden Verträge über Ausfuhr von elektrischer Energie aus der Schweiz nach Deutschland und allfällige weitere im Rahmen der derzeitig bestehenden gesetzlichen Vorschriften zustandekommende private Stromlieferungsverträge

---

[529] Siehe Anhänge 8 und 9.

[530] Bundesbeschluss Wasserkräfte: 160.

[531] BAR E 7350 (-) 1000/1104 60 (d): 20.11.1916 – Ausfuhr elektrischer Energie nach dem Auslande seit 1906, nach den Angaben der Abteilung für Wasserkraft des schweiz. Departements des Innern; Zur geringen Anzahl abgelehnter Gesuche siehe Trümpy, Ausfuhr: 14.

[532] BAR E 2001 (A) 917: 1.9.1915 – Schreiben an den Bundespräsidenten über eine von Bundesrat Forrer angeregte Frage. [Verfasser nicht ersichtlich.]

werden von der Schweizerischen Regierung geschützt und Ausfuhrbewilligungen entsprechend erteilt."[533]

Bei der Untersuchung der vor und während des Ersten Weltkriegs für Deutschland bestimmten Ausfuhren zeigte sich, dass die mit Abstand grössten Mengen an elektrischer Energie an die in Waldshut gelegene Lonza-Werke Elektrochemische Fabriken GmbH geliefert wurden, die seit 1913 Calciumcarbid und ab 1916 auch Calciumcyanamid herstellte. Erteilt wurden die Ausfuhrbewilligungen den Schweizer Unternehmungen AG „Motor" in Baden und der Nordostschweizerische Kraftwerke AG, welche die Elektrizität aus den Kraftwerken in Laufenburg, Olten-Gösgen und Beznau bezogen.[534] Der Schweizerische Bundesrat bewilligte Lieferungen in der Höhe von anfänglich 12'000 KW und später von mindestens weiteren 10'000, 5'000 und 12'000 KW.[535]

Neben den Lonza-Werken in Waldshut bezog auch die nach dem Lichtbogenverfahren arbeitende Salpetersäurefabrik Nitrum AG im deutschen Rhina bedeutende Mengen elektrischer Energie aus dem Kraftwerk Laufenburg.[536] Im Gegensatz zu den Bezügen der deutschen Lonza-Tochtergesellschaft handelte es sich dabei jedoch *nicht* um eine Ausfuhr aus der Schweiz. Dies lässt sich damit erklären, dass Laufenburg ein deutsch-schweizerisches Grenzkraftwerk war, dessen Erzeugung beiden Staaten je zur Hälfte zugute kam. Während sich Rhina noch aus der deutschen Hälfte versorgen konnte, war diese zum Zeitpunkt des Interesses der Lonza-Werke bereits vollständig verkauft, weshalb Elektrizität von der Schweizer Produktionshälfte importiert werden musste.[537]

---

533 BAR E 7350 (-) 1000/1104 5: September 1916 – Anlage I des Deutsch-Schweiz. Abkommens, Sonder-Abkommen über Hüttenaluminium, Aluminium-Legierungen und Produkte des elektrischen Ofens sowie elektrische Energie: 2.

534 BAR E 7350 (-) 1000/1104 60 (d): 20.11.1916 – Ausfuhr elektrischer Energie nach dem Auslande seit 1906, nach den Angaben der Abteilung für Wasserkraft des schweiz. Departements des Innern.

535 BAR E 7350 (-) 1000/1104 60 (d): 20.11.1916 – Ausfuhr elektrischer Energie nach dem Auslande seit 1906, nach den Angaben der Abteilung für Wasserkraft des schweiz. Departements des Innern; BAR E 7350 (-) 1000/1104 60 (d): 5.9.1917 – Auszug aus dem Protokoll der Sitzung des schweizerischen Bundesrats.

536 Steigmeier, Power: 43; Rennhard, Malleis, 75 Jahre: 48.

537 BArch R 4604 226: 8.7.1938 – Schreiben der Kraftwerk Reckingen Aktiengesellschaft an das Hauptzollamt Waldshut: 3.

7.4 Schweizer Fabriken auf deutschem Territorium

Wie bereits angetönt wurde, erfolgte die Versorgung der Waldshuter *Lonza-Werke Elektrochemische Fabriken GmbH* mit Schweizer Elektrizität keineswegs zufällig, handelte es sich bei der genannten Fabrik doch um die Tochtergesellschaft einer *schweizerischen* Unternehmung. Die Gründung erfolgte 1913 durch die *Elektrizitätswerk Lonza AG*, die sich auf diese Weise den Zugang zum deutschen Markt sicherte.[538] Charakteristisch für die dabei entstandene Schweizer Fabrik auf deutschem Territorium war ihr unmittelbar an der Rheingrenze zur Schweiz gelegener Standort. Dank diesem konnte sie von der Schweiz aus nicht nur leicht mit Elektrizität versorgt werden, sondern war auch verkehrstechnisch gut erreichbar.[539]

Für die deutsche Kriegswirtschaft bestand der besondere Wert der Lonza-Werke nicht nur darin, dass ihr rechtzeitig zu Kriegsbeginn ein mit ausländischer Elektrizität betriebenes Carbidwerk zur Verfügung gestellt wurde. Die Anbindung der deutschen Produktion an Ressourcen der neutralen Schweiz ging weit über die Energieversorgung hinaus. So wurde auch der für die Carbiderzeugung besonders wichtige Kalk praktisch vollständig aus Schweizer Kalksteinbrüchen eingeführt.[540] Um den Bezug dieses Rohstoffs möglichst effizient zu gestalten, wurden die Zollkontrollen durch Schweizer Beamte sogar von der eigentlichen Landesgrenze weg auf das auf deutschem Boden liegende Werkgelände verlegt.[541] Ferner wurden die für den Wehrdienst einberufenen deutschen Arbeitnehmer – nebst Kriegsgefangenen und dienstverpflichteten Deutschen – primär durch Schweizer Grenzgänger ersetzt. Die Produktion wurde daher „fast ausschliesslich mit Schweizer Personal" aufrechterhalten.[542] Die Ausnutzung der Schweizer Res-

---

[538] Lonza (Hg.), 50 Jahre: 20.

[539] Stadtarchiv Waldshut-Tiengen 793.32-9 WH (6): 16.7.1913 – Gesuch der Elektrizitätswerk Lonza AG um Bewilligung zur Einfuhr elektrischer Energie aus der Schweiz nach Waldshut an das Bürgermeisteramt der Kreishauptstadt Waldshut: Pläne W 14a und W 24 im Anhang des Schreibens.

[540] Stadtarchiv Waldshut-Tiengen 793.32-9 WH (9): 17.4.1917 – Schreiben der Lonza-Werke Elektrochemische Fabriken GmbH an das Bürgermeisteramt Waldshut.

[541] Stadtarchiv Waldshut-Tiengen 793.32-9 WH (9): 17.4.1917 – Schreiben der Lonza-Werke Elektrochemische Fabriken GmbH an das Bürgermeisteramt Waldshut.

[542] Wörner, Lonza: 115.

sourcen wurde sogar so weit getrieben, dass die schweizerischen Arbeitnehmer sich jeweils auf der Schweizer Seite des Rheins in einer eigens hierfür errichteten Kantine verpflegten.[543] Abgesehen von Koks wurden somit praktisch sämtliche produktionsrelevanten Ressourcen aus der nahen Schweiz bezogen. Auch als 1916 die Produktion von Kalkstickstoff aufgenommen wurde, änderte sich an dieser Situation nichts.

Wie in den vorhergehenden Kapiteln bereits aufgezeigt wurde, erfolgte der Ausbau der Waldshuter Carbidfabrik zu einem Stickstoffwerk im Rahmen des umfangreichen Kalkstickstoffprogramms des Reichsschatzamts von 1915, welches u.a. auch den Bau der beiden Reichsstickstoffwerke in Piesteritz und Chorzow beinhaltete. Ursprünglich war für die Lonza-Werke eine Produktion von jährlich 40'000 t Calciumcyanamid entsprechend 8'000 t gebundenen Stickstoffs vorgesehen.[544] Die Vorgaben wurden wenig später auf 60'000 t Kalkstickstoff oder 12'000 Jahrestonnen Stickstoff erhöht.[545] Die grosse Bedeutung, welche dem Waldshuter Werk während des Kriegs beigemessen wurde, ist daraus ersichtlich, dass das Deutsche Reich den Ausbau des Werks nicht nur finanziell unterstützte, sondern den erforderlichen Baumaterialien sogar den Status von „Kriegslieferungen" verlieh, um so eine möglichst „schleunige Fertigstellung" zu erzielen. Der damalige Staatssekretär des Reichsschatzamts hielt dazu unmissverständlich fest, dass „die baldige Errichtung der Anlagen im Interesse der Landesverteidigung und Volksernährung dringend geboten" sei.[546] Dass man sich der kriegswirtschaftlichen Bedeutung des Werks auch in Waldshut selber durchaus bewusst war, zeigt nicht zuletzt auch die Tatsache, dass im Februar 1916 der erste aus dem Lonza-Werk ausfahrende Eisenbahnwagen reich geschmückt und mit einer „In-

[543] Wörner, Lonza: 115.
[544] BArch R 4604 226: 25.2.1915 – Erlass des Staatssekretärs des Reichsschatzamts Karl Helfferich.
[545] Stadtarchiv Waldshut-Tiengen 793.32-9 WH (5): 5.2.1916 – Schreiben an das Präsidium der badischen Landwirtschaftskammer.
[546] BArch R 4604 226: 25.2.1915 – Erlass des Staatssekretärs des Reichsschatzamts Karl Helfferich.

schrifttafel" versehen war, auf der „Heil und Sieg!" geschrieben stand.[547]

Welche Mengen an Stickstoffverbindungen in Waldshut während des Kriegs tatsächlich produziert worden sind, liesse sich allenfalls durch eine Konsultation der Archivbestände der ehemaligen Lonza-Werke Elektrochemische Fabriken GmbH rekonstruieren. Da diese jedoch nie erschlossen wurden und ohnehin schwer zugänglich sind, musste aus arbeitsökonomischen wie auch aus finanziellen Gründen auf deren Auswertung verzichtet werden. In den übrigen Quellen sind nur unzuverlässige Produktionszahlen zu finden, die sich zudem meist auf die *Kapazität* der Anlagen beziehen. In den Unterlagen der KCA existieren jedoch verschiedentlich Indizien, die zumindest auf die ungefähre Grössenordnung der Erzeugung hinweisen. So lässt sich beispielsweise feststellen, für welche Kalkstickstoffwerke im Jahr 1917 welche Mengen an Calciumcarbid vorgesehen waren.[548] Verglichen mit der tatsächlich erzielten deutschen Gesamterzeugung waren diese Planungszahlen insgesamt zwar um den Faktor zwei zu gross. Zur Ermittlung der Grössenverhältnisse zwischen den verschiedenen Produktionsumfängen der verschiedenen Fabriken konnten sie aber dennoch beigezogen werden.

Für die Lonza-Werke in Waldshut wurde ein Anteil von rund 15% an der deutschen Kalkstickstofferzeugung prognostiziert.[549] Wendet man diese Zahl auf die 1917 tatsächlich erzielte deutsche Gesamtproduktion an, ergibt dies für Waldshut eine Erzeugung von 5'500 Jahrestonnen gebundenen Stickstoffs. Wie in den vorhergehenden Kapiteln dargelegt wurde, waren die Anteile der verschiedenen Fabriken an der Gesamterzeugung jedoch keineswegs konstant. Ab 1917 wirkte sich die Ressourcenkrise insbesondere auf die mit Kohlekraft betriebenen Kalkstickstoffwerke äusserst negativ aus. Da die Lonza-Werke

---

[547] Stadtarchiv Waldshut-Tiengen 793.32-9 WH (11): 21.2.1916 – Zeitungsausschnitt aus dem Alb-Boten.

[548] BArch R 8729 352: 10.10.1917 – Leistungsfähigkeit und voraussichtliche Gesamterzeugung der Carbidwerke vom Oktober 1917 bis März 1918 (einschliesslich Kalkstickstoff-, Aceton- und Auslandsbedarf unter Voraussetzung der Materialbelieferung und Fertigstellung der Werke).

[549] BArch R 8729 352: 10.10.1917 – Leistungsfähigkeit und voraussichtliche Gesamterzeugung der Carbidwerke vom Oktober 1917 bis März 1918 (einschliesslich Kalkstickstoff-, Aceton- und Auslandsbedarf unter Voraussetzung der Materialbelieferung und Fertigstellung der Werke).

GmbH zum einen aus Wasserkraft gewonnene Elektrizität bezog und zum anderen auch die Arbeitskräfte sowie den Kalk aus der Schweiz einführte, ist davon auszugehen, dass sie von der betreffenden Krise nur am Rande betroffen war. Bei der zuvor berechneten Eigenerzeugung von 5'500 Jahrestonnen Stickstoff dürfte es sich daher um einen Minimalwert handeln, der de facto mit grösster Wahrscheinlichkeit übertroffen worden ist.

Neben ihrem Standort in Waldshut errichtete die Lonza-Werke Elektrochemische Fabriken GmbH während des Kriegs im deutschen Spremberg eine weitere Carbidfabrik.[550] Als das neue Werk im Jahr 1916 den Betrieb aufnahm, wurde mit der KCA sogleich dessen Erweiterung vereinbart, wobei die Lonza-Werke vom Reich einmal mehr finanziell unterstützt wurden.[551] Das Spremberger Calciumcarbid gelangte u.a. auch nach Waldshut und Trostberg, wodurch die dortige Kalkstickstofferzeugung gesteigert wurde.[552] Aufgrund der grossen Entfernung zur Schweiz kann im Falle von Spremberg eine Nutzung von nicht pekuniären Schweizer Ressourcen jedoch praktisch ausgeschlossen werden. Im Hinblick auf die Beantwortung der Fragestellung der vorliegenden Arbeit ist diese Fabrik daher nicht von Bedeutung.

---

[550] Wanner, 75 Jahre: 33.
[551] BArch R 8729 344: 20.12.1916 – Vertrag zwischen der Kriegschemikalien Aktiengesellschaft und der Lonza-Werke Elektrochemische Fabriken GmbH.
[552] BArch R 8729 344: 20.12.1916 – Vertrag zwischen der Kriegschemikalien Aktiengesellschaft und der Lonza-Werke Elektrochemische Fabriken GmbH: 2.

8 FAZIT

8.1 Zusammenfassung

8.1.1 Die „Stickstofffrage" der Vorkriegszeit und ihre technische Lösung

Das Vorhandensein von gebundenem Stickstoff stellt eine Voraussetzung für die Existenz jeglichen pflanzlichen und tierischen Lebens dar. „Stickstoff" ist daher auch ein wichtiger landwirtschaftlicher Produktionsfaktor. Die Fixierung des in der Atmosphäre im Überfluss vorhandenen Gases erfolgt in der Natur durch atmosphärische Entladungen sowie durch Mikrolebewesen. Die im Rahmen eines Zyklus erfolgende, natürliche Zufuhr gebundenen Stickstoffs ist in ihrem Umfang allerdings begrenzt. Wird einer Fläche durch landwirtschaftliche Nutzung zuviel Stickstoff entzogen, so droht ihr die Verarmung. Selbst bei Anwendung *hofeigener* Düngemittel oder durch den Anbau stickstoffbindender Gewächse kann ein gewisses Mass an Flächenerträgen nicht überschritten werden.

Eine starke landwirtschaftliche Intensivierung, wie sie im 19. Jahrhundert erfolgte, wäre ohne die Anwendung *hoffremder* Düngemittel nicht möglich gewesen. Im Bereich der Stickstoff-Handelsdünger wurde anfänglich hauptsächlich auf das aus Kohle gewonnene Ammoniumsulfat sowie auf den in Südamerika abgebauten Chilesalpeter zurückgegriffen. Prognosen über die baldige Erschöpfung eben dieser chilenischen Salpeterbestände liessen um die Jahrhundertwende die Furcht vor einer Hungersnot aufkommen. Im deutschen Sprachraum war dies die Geburtsstunde der sogenannten „Stickstofffrage", in deren Rahmen nach einem möglichen Ersatz des Chilesalpeters gesucht wurde.

Als Lösung bot sich die industrielle Fixierung des Luftstickstoffs mittels des Lichtbogen-, des Kalkstickstoff- und des Hochdruckverfahrens an. Während sich das Lichtbogenverfahren aus ökonomischen Gründen als praktisch chancenlos herausstellte, wurde die Gewinnung von Calciumcyanamid bereits ab 1905 im grossindustriellen Massstab umgesetzt und die „Stickstofffrage" damit zumindest *technisch* gelöst. Ob sie auf diese Weise auch *wirtschaftlich* hätte gelöst werden können, musste in der Vorkriegszeit nicht zuletzt deshalb offen bleiben, weil sich die Salpeterbestände als wesentlich grösser erwiesen, als man erwartet hatte.

8.1.2 Die deutsche „Stickstofffrage“

Der Begriff „Stickstofffrage“ bezeichnete primär das *internationale* Thema der drohenden Erschöpfung der Chilesalpeterbestände, wurde jedoch im Ersten Weltkrieg auch für die Problematik der durch die Blockade der Alliierten beeinträchtigten, *deutschen* Stickstoffversorgung verwendet. Während die Relevanz der Thematik in beiden Fällen auf der Sicherstellung ausreichender landwirtschaftlicher Erträge bzw. der Ernährung beruhte, war im Fall der deutschen „Stickstofffrage“ zusätzlich auch ein militärischer Faktor von Bedeutung.

Dies war darauf zurückzuführen, dass zur Herstellung praktisch sämtlicher, zur Zeit des Ersten Weltkriegs militärisch brauchbarer Explosivstoffe zwingend Salpetersäure erforderlich war, und diese wurde in der Vorkriegszeit überwiegend aus Chilesalpeter erzeugt. Sowohl die Ernährung als auch die Explosivstofffertigung waren folglich abhängig von der Verfügbarkeit über Salpeter, weshalb Stickstoff als Schlüsselressource bezeichnet werden kann.

Der hohen kriegswirtschaftlichen Relevanz von Stickstoffverbindungen zum Trotz war die entsprechende deutsche Versorgung bei Kriegseintritt alles andere als autark. Im Jahr 1913 resultierte aus den rund 200'000 t gebundenen Stickstoffs, welche die Landwirtschaft in Form verschiedenster Stickstoffverbindungen verschlang, und den 25'000 t Stickstoff, die dem Gewerbe und Handel zugeführt wurden, ein Gesamtverbrauch an Stickstoffverbindungen, der 225'000 t gebundenen Stickstoffs entsprach. Selbst bei optimaler Ausnutzung der Produktionskapazitäten der deutschen Industrie hätte dieser Bedarf lediglich zu 57% durch die Inlanderzeugung gedeckt werden können. Die übrigen 43% oder 97'700 Jahrestonnen Stickstoff mussten importiert werden. Da Deutschland zusätzlich auch von umfangreichen Agrareinfuhren abhängig war und deren Wegfall zu einer weiteren Erhöhung des Bedarfs an Stickstoffverbindungen geführt hätte, dürfte Deutschlands Auslandabhängigkeit im Bereich der Schlüsselressource „Stickstoff" diese 43% sogar noch überstiegen haben.

Trotz der grossen kriegswirtschaftlichen Relevanz von Stickstoffverbindungen versäumte es das Deutsche Reich in der Vorkriegszeit, rechtzeitig kriegswirtschaftliche Vorsorgemassnahmen zu treffen, die der starken Auslandabhängigkeit entgegengewirkt oder zumindest deren Auswirkungen vermindert hätten. Diese mangelhafte Vorbereitung lässt sich auf verschiedenste Faktoren zurückführen. Zu den wichtigsten zählten die allzu optimistische Einschätzung der Kriegsdauer, welche die Erwartungen um ein Vielfaches übertraf, und die Unwissenheit über die tatsächliche Versorgungslage.

8.1.3 Kriegsausbruch und Blockade

Die von den Alliierten unmittelbar nach Kriegsausbruch verhängte Blockade wirkte sich auf die deutsche Versorgung mit Stickstoffverbindungen verheerend aus. Chilesalpeter konnte in den fünf ersten Kriegsmonaten nur noch im Umfang von total 610 t gebundenen Stickstoffs eingeführt werden. Spätestens ab Dezember 1914 tendierten auch diese Importe gegen null. Immerhin konnten im Verlauf des Kriegs gegnerische Salpetervorräte im Umfang von rund 5'000 t Stickstoff erbeutet werden. An regulären Importen gelangten seit Beginn des Jahres 1915 nur noch beschränkte Mengen von Norgesalpeter und Kalkstickstoff aus benachbarten neutralen Staaten nach Deutschland. Der Umfang dieser Lieferungen betrug anfänglich rund 6'000 Jahrestonnen Stickstoff, nahm im Verlauf des Kriegs jedoch stetig ab. Auch die Agrareinfuhren, die einen indirekten Einfluss auf die deutsche Versorgung mit Stickstoffverbindungen hatten, wurden durch die wirtschaftliche Isolation Deutschlands stark reduziert.

Da die Versorgung mit Stickstoffverbindungen mit der landwirtschaftlichen Produktion und dem darin herrschenden Stickstoffzyklus verknüpft ist, verstärkten sich die verschiedenen kriegsbedingten Negativfaktoren – Stickstoffbedarf der Streitkräfte, Ausfall der Chilesalpeter-, Nahrungsmittel- und Futtermittelimporte – gegenseitig in ihrer Wirkung (siehe Abb. 5). An eine Überwindung dieses Teufelskreises war ohne eine massive Ausdehnung der industriellen Inlandproduktion von Stickstoffverbindungen nicht zu denken. Ein Behördenapparat, der derartige kriegswirtschaftliche Massnahmen hätte in die Wege leiten können, war zu Beginn des Kriegs noch nicht vorhanden. Dies änderte sich erst im August 1914, als im Preussischen Kriegsministerium mit der Kriegsrohstoffabteilung (KRA) erstmals eine Abteilung geschaffen wurde, die das „Salpeterproblem“ als solches erkannte und sich seiner anzunehmen begann.

8.1.4 Vom Bewegungs- zum Stellungskrieg

Im September 1914 wurde die deutsche Offensive in der ersten Schlacht an der Marne zum Stillstand gebracht. Die ursprüngliche Operationsplanung war somit gescheitert und der Bewegungs- zu einem Stellungskrieg geworden. Hinsichtlich der kriegswirtschaftlichen Planung führte die Marneschlacht zu zwei einschneidenden Erkenntnissen. *Erstens* stellte sich die bisher erwartete Dauer des Kriegs als wesentlich zu kurz, ja geradezu als utopisch heraus. Damit erwies sich auch die Möglichkeit eines blossen „Durchhaltens“ des Kriegs ohne umfassende kriegswirtschaftliche Massnahmen als unrealistisch. *Zweitens* überstieg der tatsächliche Munitionsverbrauch der Truppe die erwartete Menge um ein Vielfaches, was den Stickstoffbedarf der Explosivstoffindustrie ebenfalls in der entsprechenden Grössenordnung in die Höhe schnellen liess.

Diese Erkenntnisse lösten in der deutschen Heeresleitung einen Lernprozess aus, der noch während der Marneschlacht zu konkreten Massnahmen wie der Beschlagnahmung aller greifbaren Salpeter- und Salpetersäurebestände führte. Es wurde aber auch klar, dass die für die Salpetersäureerzeugung erforderlichen, inländischen Chilesalpeterbestände bereits innert weniger Monate aufgebraucht sein würden. An eine Fortsetzung des Kriegs war nur dann zu denken, wenn es innert nützlicher Frist gelingen würde, eine von Chilesalpeter unabhängige Salpetersäureindustrie aufzubauen. Da derartige Anlagen jedoch weitgehend fehlten, mussten sie in kürzester Zeit regelrecht „aus dem Boden gestampft“ werden. Tatsächlich gelang es, dass diese neue Salpetersäureproduktion exakt dann einzusetzen begann, als sich die inländischen Chilesalpeterbestände im Herbst 1915 ihrem Ende zuneigten.

Was ohne rechtzeitige Betriebsaufnahme geschehen wäre, darüber lässt sich nur mutmassen. Dennoch wird deutlich, dass die deutsche Kriegführung im Jahr 1915 nur knapp einer Katastrophe entgangen ist.

Da das Lichtbogenverfahren einen zu hohen Energieverbrauch aufwies, wurde beim Aufbau der neuen Salpetersäureindustrie fast ausschliesslich auf die Ammoniakoxidation gesetzt. Auf diesem Weg konnte die KRA zwar den Grundbedarf der Streitkräfte decken, zur Lösung der „Stickstofffrage" an sich trug sie damit jedoch in keiner Weise etwas bei. Dies daher, weil die Ammoniakoxidation die Gesamtmenge an gebundenem Stickstoff nicht vermehrte, sondern – im Gegenteil – sogar zu einer Erhöhung des Ammoniakbedarfs führte. Bedingt durch die prioritäre Behandlung der Bedürfnisse der Streitkräfte hatte dies zur Folge, dass der Landwirtschaft immer geringere Mengen an Stickstoffverbindungen zugeteilt wurden. Es ist daher nicht verwunderlich, dass es ausgerechnet das Preussische *Landwirtschaftsministerium* war, das Ende 1914 die Initiative zum Ausbau der inländischen Erzeugung primärer Stickstoffverbindungen wie Ammoniak oder Calciumcyanamid ergriff.

Bei der Wahl der dazu geeigneten Verfahren fiel die Trockendestillation von Kohle deshalb ausser Betracht, weil der Ammoniakausstoss der Kokereien und Gasanstalten seit Kriegsbeginn stetig abnahm. Das Ministerium setzte daher ganz auf die Fixierung des Luftstickstoffs nach dem Hochdruck- und dem Kalkstickstoffverfahren. Bereits im Dezember 1914 verpflichteten sich die BASF und die AG für Stickstoffdünger dazu, ihre bestehenden Werke mit Hilfe staatlicher Darlehen massiv zu vergrössern. Einzig mit den Bayrischen Stickstoffwerken konnte keine Einigung erzielt werden, da diese auf einer staatlichen Abnahmegarantie beharrten. Das Preussische Landwirtschaftsministerium übergab die Angelegenheit daher dem Reichsschatzamt, welches die verfahrene Lage im März 1915 mit einem neuen Vorschlag zu lösen verstand: Die Bayrischen Stickstoffwerke verpflichteten sich dazu, in Piesteritz und Chorzow auf Kosten des Reichs zwei neue Kalkstickstoffwerke zu errichten und diese Staatsbetriebe anschliessend auch zu betreiben. Parallel dazu wurden – ebenfalls mit finanzieller Unterstützung durch das Reich – die bereits bestehenden Fabriken in Trostberg und Waldshut ausgebaut.

Insgesamt waren dadurch Produktionserweiterungen von ursprünglich jährlich 10'000 auf neu 86'000 t Stickstoff in der Kalkstickstoffindustrie und von 7'000 auf 56'000 Jahrestonnen gebundenen Stickstoffs nach dem Hochdruckverfahren vorgesehen. Da die Bauarbeiten 1915 noch im Gang waren, konnten in diesem Jahr lediglich bescheidene Steigerungen erzielt werden. Eine starke Zunahme der Erzeugung setzte erst 1916 ein, als sich die Kalkstickstofferzeugung auf neu 34'000 t Stickstoff verdoppelte und die Produktion der BASF sich auf rund 51'000 Jahrestonnen gebundenen Stickstoffs vervierfachte. Zusammen mit dem Ausstoss aus den Kokereien und Gaswerken erhöhte sich die Inlanderzeugung damit von 96'180 t im Jahr 1915 auf 153'220 t Stickstoff im Folgejahr.

Der landwirtschaftliche Bedarf konnte zwischen Kriegsbeginn und Ende 1915 insgesamt nur zu 35% gedeckt werden. Zudem wurden die 1916 einsetzenden Produktionssteigerungen an primären Stickstoffverbindungen fast vollständig vom stetig zunehmenden Bedarf der Streitkräfte geschluckt, weshalb sich die Befriedigung der landwirtschaftlichen Nachfrage nur auf 37% im Düngejahr 1915/16 und auf 40% in der Periode 1916/17 erhöhte.

8.1.5 Die Totalisierung des Kriegs

Seitdem der Bewegungskrieg im Westen zu einem Stellungskrieg geworden war, versuchten beide Kriegsparteien die Initiative mittels Grossoffensiven wieder an sich zu reissen. Diese Bemühungen blieben trotz immenser Kraftanstrengungen weitgehend erfolglos. Den beteiligten Mächten wurde daher bewusst, dass sie sich in einer Materialschlacht bzw. einem Ermattungskrieg befanden, der letztlich primär durch die verfügbare Masse an Menschen, Nahrungsmitteln, Waffen, Munition und Material entschieden werden würde. Die OHL wusste, dass Deutschland den Alliierten unter diesen Bedingungen auf Dauer unterlegen war. Ende 1916 wurde daher ein unter dem Namen „Hindenburg-Programm" bekannt gewordenes Rüstungsprogramm beschlossen, das im Rahmen einer exorbitanten Erhöhung der Kriegsproduktion auch eine Verdoppelung der Schiesspulvererzeugung vorsah. Da eine Ausdehnung der Explosivstofferzeugung auch einen Mehrbedarf an Stickstoffverbindungen nach sich zog, wurde zudem eine Erweiterung der Ammoniakoxidation und der Erzeugung primärer Stickstoffverbindungen in Angriff genommen.

Bereits vor der Verkündung des Hindenburg-Programms war in Leuna mit dem staatlich unterstützten Bau einer weiteren BASF-Fabrik, dem sogenannten Ammoniakwerk Merseburg, begonnen worden. Erst das neue Rüstungsprogramm führte jedoch dazu, dass die vorgesehene Produktionskapazität dieses Werks von ursprünglich 30'000 Jahrestonnen gebundenen Stickstoffs auf einen neuen Planwert von jährlich 130'000 t und schliesslich sogar auf 200'000 t Stickstoff erhöht wurde. Tatsächlich produzierten die Leuna-Werke während des Kriegs nie mehr als 50'000 Jahrestonnen. Mit dem Bau der Merseburger Anlagen wurde in der deutschen Stickstoffpolitik dennoch eine neue Phase eingeläutet, in welcher fortan ganz auf das Hochdruckverfahren gesetzt wurde. Auf den Bau neuer Kalkstickstoffwerke wurde nicht nur verzichtet, vielmehr begann sogar die Produktion der bestehenden Anlagen zu stagnieren. Zurückzuführen war dies einerseits auf die Kohle-, Transport- und Arbeitskräftekrise, – die 1916 einsetzte und durch das Hindenburg-Programm noch massiv verschärft wurde –, die sich auf das im Vergleich zum Hochdruckverfahren kohle- und arbeitsintensive Kalkstickstoffverfahren besonders nachteilig auswirkte. Andererseits war das mittlerweile für die gesamte Stickstoffbewirtschaftung zuständige Waffen- und Munitionsbeschaffungsamt in erster Linie an einer vermehrten Explosivstofferzeugung interessiert, und nicht etwa an der Erzeugung von Düngemitteln für die Landwirtschaft. Dazu war das Hochdruckverfahren ebenfalls wesentlich besser geeignet.

Welche Interessen sich in der staatlichen Stickstoffpolitik durchzusetzen vermochten, wird auch bei der Betrachtung der Versorgungslage in den letzten Kriegsjahren deutlich. Obwohl die Kalkstickstofferzeugung stagnierte und die Kokereien und Gaswerke einen permanent sinkenden Ammoniakausstoss aufwiesen, sorgte die nach dem Hochdruckverfahren produzierende BASF ab 1916 für einen fortlaufenden Anstieg der deutschen Gesamterzeugung bis auf über 180'000 t Stickstoff im Jahr 1918. Zwar nahmen auch die für die Landwirtschaft bestimmten Mengen an Stickstoffverbindungen zwischen 1916 und 1918 wieder zu. Der Vorkriegsbedarf konnte jedoch selbst im letzten Kriegsjahr nicht einmal zur Hälfte gedeckt werden.

8.1.6 Die Rolle der neutralen Schweiz

Zu Beginn des Kriegs gelang es Deutschland, die Blockade der Alliierten mittels indirekten Handels über benachbarte neutrale Staaten bis zu einem gewissen Grad zu unterlaufen. Dass sich auch die Schweiz an diesem Transithandel beteiligte, gilt in der Geschichtsschreibung als erwiesen. Ausgeschlossen werden kann jedoch, dass die Schweiz Deutschland auf indirektem Weg mit Stickstoffverbindungen aus dem Weltmarkt versorgte. Zumindest was diese Warengruppe anbelangt, fungierte die Schweiz folglich *nicht* als Transitland.

Nicht verzichtet wurde hingegen auf den Export von in der Schweiz selber erzeugten Stickstoffverbindungen, da dieser weder eine eigentliche Umgehung der alliierten Blockade darstellte, noch der Kontrolle durch die S.S.S. unterlag. Beschränkend wirkte sich dabei allerdings die seit 1914 für die Ausfuhr praktisch sämtlicher Stickstoffverbindungen geltende Bewilligungspflicht des Schweizerischen Bundesrats aus. Diese Pflicht wurde jedoch so gehandhabt, dass von der kriegswirtschaftlich besonders bedeutsamen Salpetersäure in den Jahren 1914 und 1915 immerhin Mengen entsprechend 124 bzw. 121 t gebundenen Stickstoffs nach Deutschland ausgeführt werden konnten. Angesichts der Salpeterkrise, unter welcher die deutsche Explosivstoffindustrie im Jahr 1915 litt, waren diese Exporte besonders willkommen. Als das EMD 1916 schliesslich sämtliche Salpetersäureausfuhren unterband, waren in Deutschland die neu geschaffenen Anlagen zur Ammoniakoxidation längst angelaufen. Neben dem aus deutscher Kohle gewonnenen Ammoniak, das die Schweizer Wirtschaft in den ersten drei Kriegsjahren ebenfalls im Umfang von insgesamt einigen hundert Tonnen Stickstoff nach Deutschland ausführte, wurde dem nördlichen Nachbar vor allem auch Schweizer Calciumcyanamid zugeführt. Diese Exporte erfolgten nicht nur in allen fünf Kriegsjahren, sondern entsprachen auch einem vergleichsweise grossen Umfang von durchschnittlich rund 1'500 Jahrestonnen gebundenen Stickstoffs. Beispielsweise hätte alleine mit der 1916 von der Schweiz nach Deutschland ausgeführten Menge Kalkstickstoff 3% des Jahresbedarfs der deutschen Landwirtschaft an Handels-Stickstoffdünger gedeckt werden können.

Viel stärker als mit dem Export gebundenen Stickstoffs trug die Schweiz jedoch mit der Ausfuhr von Zwischenerzeugnissen und Ressourcen zur deutschen Versorgung mit Stickstoffverbindungen bei. So bezog Deutschland während des gesamten Kriegs grosse Mengen Schweizer Calciumcarbids, das ein unentbehrliches Zwischenerzeugnis für die Produktion von Calciumcyanamid darstellte und in der Herstellung zudem enorm energieaufwändig war. Bei Carbid handelte es sich gewissermassen um einen chemischen „Akkumulator" für Schweizer Wasserkraft. Durchschnittlich exportierte die Schweizer Wirtschaft pro Kriegsjahr 41'300 Jahrestonnen Calciumcarbid nach Deutschland, was 57% ihrer Gesamterzeugung entsprach. Dass ein Teil dieses Carbids für die Herstellung von Kalkstickstoff verwendet wurde, lässt sich zwar beweisen, doch ist eine genaue Aufschlüsselung nach Verwendungszweck nicht mehr realisierbar. Die Ausfuhren waren jedoch dermassen umfangreich, dass bereits mit der Hälfte des während des Kriegs gelieferten Calciumcarbids rund 20% der deutschen Kalkstickstofferzeugung hätte sichergestellt werden können.

Die deutsche Stickstoffwirtschaft wurde auch durch Schweizer Ressourcen wie Elektrizität, Rohstoffe oder Arbeitskräfte unterstützt. Zugute kamen diese Ressourcen fast ausschliesslich der im deutschen Waldshut gelegenen Lonza-Werke Elektrochemische Fabriken GmbH. Diese Tochtergesellschaft der schweizerischen Elektrizitätswerke Lonza AG war im Jahr 1915 im Rahmen des Stickstoffprogramms des deutschen Reichsschatzamts von einer Carbid- zu einer Kalkstickstofffabrik ausgebaut worden. Die im Folgejahr einsetzende Produktion von Calciumcyanamid basierte nahezu vollständig auf Schweizer Elektrizität, Schweizer Kalk und Schweizer Arbeitskräften. Zur deutschen Versorgung mit Stickstoffverbindungen dürften die Waldshuter Lonza-Werke seither mit einer Jahresproduktion von über 5'500 Tonnen gebundenen Stickstoffs beigetragen haben.

8.2 Schlussfolgerungen

Aufgrund der gewonnenen Erkenntnisse kann die *erste Fragestellung* der vorliegenden Arbeit wie folgt beantwortet werden: Da zur Zeit des Ersten Weltkriegs praktisch sämtliche militärisch brauchbaren Explosivstoffe aus Stickstoffverbindungen bestanden, war die Versorgung mit Stickstoffverbindungen von höchster kriegswirtschaftlicher

Relevanz. Als dicht besiedelter und landwirtschaftlich stark intensivierter Staat war Deutschland zudem auf die Zufuhr von Stickstoff-Handelsdüngern für landwirtschaftliche Zwecke angewiesen. Andernfalls drohten ein Rückgang der Flächenerträge und damit auch eine Verschlechterung der Lebensmittelversorgung. Aufgrund der gegenseitigen Verknüpfung dieser beiden Faktoren ist die „Stickstofffrage“ für Deutschland als kriegswichtig zu bezeichnen. Was die zeitgenössische Wahrnehmung der Bedeutung des Stickstoffs betrifft, ist festzustellen, dass das nötige Verständnis für die komplexen Zusammenhänge einer gesamtdeutschen Versorgung mit Stickstoffverbindungen noch weitgehend fehlte, auch wenn einzelne spezifische Stickstoffverbindungen wie Salpetersäure durchaus bereits in der Vorkriegszeit als wichtig erachtet wurden. Die tatsächliche Relevanz der sogenannten „Stickstofffrage“ wurde den Behörden erst durch die Auswirkungen des Kriegs vor Augen geführt. Auch die Literatur wird der Komplexität dieser Frage keineswegs gerecht; zudem basieren die meisten neueren Darstellungen auf falschem Zahlenmaterial. Die Relevanz der deutschen „Stickstofffrage“ wird daher praktisch durchgehend nicht in ihrem vollen Ausmass erkannt.

Dass die Schlüsselressource „Stickstoff“ für Deutschland im Vergleich zu anderen kriegführenden Staaten von ganz besonderer Bedeutung war, wird auch bei der Beantwortung der *zweiten Fragestellung* deutlich, die u.a. die Versorgungslage der Vorkriegszeit betrifft. Es zeigt sich, dass Deutschland vor Kriegsausbruch in zweifacher Hinsicht von der Einfuhr gebundenen Stickstoffs abhängig war. Zum einen war die deutsche Wirtschaft zur Ernährung der Bevölkerung auf umfangreiche Agrareinfuhren und damit auch auf eine Zufuhr von organisch gebundenem Stickstoff angewiesen. Zum anderen mussten rund 43% des deutschen Gesamtverbrauchs an Stickstoffverbindungen aus dem Ausland eingeführt werden. Der durch die Blockade der Alliierten herbeigeführte, praktisch vollständige Wegfall dieser Importe stellte für die deutsche Kriegswirtschaft daher eine enorme Herausforderung dar.

Anzeichen für die in der *dritten Fragestellung* angesprochenen Massnahmen zur Verbesserung der Versorgungslage lassen sich vor Kriegsbeginn keine ausmachen. Erste Schritte in diese Richtung wurden erst unternommen, nachdem die gegen das Deutsche Reich gerichtete Blockade sowie die zu erwartende längere Kriegsdauer und der damit verbundene, um ein Vielfaches erhöhte Munitionsverbrauch die deutschen Behörden zu Lernprozessen gezwungen hatten. Die anfänglich in die Wege geleiteten Massnahmen – wie Beschlagnahmungen, diverse Effizienzsteigerungen sowie eine strikte staatlich kontrollierte Zuteilung der verbliebenen Mengen an Stickstoffverbindungen – können letztlich nur als Symptombekämpfung bezeichnet werden. Auch die Schaffung einer Industrie zum Zweck der Ammoniakoxidation führte lediglich dazu, dass der Landwirtschaft zugunsten der Streitkräfte gebundener Stickstoff entzogen wurde. Erst durch die staatliche Forcierung der industriellen Fixierung des Luftstickstoffs wurde das Problem an seinen Wurzeln angepackt. Was die dabei angewendeten Verfahren anbelangt, wurde anfänglich zwar hauptsächlich auf das Kalkstickstoffverfahren gesetzt, ab 1916 jedoch nur noch die Produktion nach dem Hochdruckverfahren ausgebaut. Zur deutschen Versorgung leistete die Kalkstickstoffindustrie dennoch einen wesentlichen Beitrag – ein Faktum, das in der Literatur meist unerwähnt bleibt.[553]

Zu der in der *zweiten Fragestellung* angesprochenen Versorgungslage während des Kriegs ist darauf hinzuweisen, dass sich die meisten Anlagen zur Stickstofffixierung im Jahr 1915 noch in Bau befanden, weshalb erst ab 1916 eine nennenswerte Mehrproduktion einsetzte. Infolge der Priorisierung des Stickstoffbedarfs für militärische Zwecke erhielt jedoch die Landwirtschaft während des Kriegs trotzdem nur zwischen 34 und 50% ihres Vorkriegsbedarfs an Stickstoff-Handelsdüngern; d.h. sie war massiv unterversorgt. Die Versorgung der Explosivstoffindustrie mit Salpetersäure war zwar oftmals knapp, doch konnte ab 1916 zumindest der Grundbedarf stets gedeckt werden.

Die *vierte Fragestellung* lässt sich dahingehend beantworten, dass die neutrale Schweiz im Rahmen der deutschen „Stickstofffrage" in keiner Weise die Funktion eines Transitlandes innehatte. Dennoch wurden praktisch während der gesamten Kriegsdauer aus inländischer Produktion stammende Stickstoffverbindungen nach Deutschland ausgeführt. Der Umfang dieser Lieferungen war zwar nicht unerheblich, entsprach aber nie mehr als 2% der deutschen Gesamterzeugung. Wesentlich grösser war die indirekte Unterstützung, welche die deutsche

553 Ein typisches Beispiel einer solchen Simplifizierung findet sich beispielsweise bei Rossfeld, Straumann, Fronten: 12.

Kalkstickstoffindustrie aus der Schweiz erhielt, und zwar in Form des in der Herstellung enorm energieintensiven Zwischenerzeugnisses Calciumcarbid. Bereits mit der Hälfte des von der schweizerischen Wirtschaft gelieferten Carbids hätte rund 20% der gesamtdeutschen Kalkstickstofferzeugung sichergestellt werden können. Einen noch eindrücklicheren Beweis dafür, dass die Schweiz im Rahmen der deutschen Versorgung mit Stickstoffverbindungen tatsächlich eine wesentliche Rolle spielte, lieferte die im deutschen Waldshut domizilierte Tochtergesellschaft der Schweizer Lonza AG. Ab 1916 trug sie auf der Basis von Schweizer Elektrizität, Schweizer Kalk und Schweizer Arbeitskräften erheblich zur deutschen Stickstoffversorgung bei.[554] Die deutsche Kriegswirtschaft bezog folglich nur bescheidene Mengen eigentlicher Stickstoffverbindungen aus der Schweiz, strebte zur Stützung der eigenen Stickstoffwirtschaft jedoch danach, so weitgehend wie möglich Schweizer Ressourcen heranzuziehen. Und darin war sie in der Tat sehr erfolgreich.

8.3 Schlussthese und Ansätze für weitergehende Untersuchungen

Zur Bewertung der „Stickstofffrage" in der deutschen Kriegswirtschaft des Ersten Weltkriegs kann abschliessend die folgende These formuliert werden: Die klassische, international diskutierte, eigentliche „Stickstofffrage" wurde zwar bereits in der Vorkriegszeit *technisch* gelöst, die *praktische, wirtschaftliche* Lösung erfolgte jedoch erst im Rahmen der Bemühungen der deutschen Kriegswirtschaft im Ersten Weltkrieg. 1914 wurde mit Deutschland erstmals ein industrialisierter, dicht besiedelter und auch landwirtschaftlich intensivierter Staat vollständig von der Zufuhr an Chilesalpeter abgeschnitten. Ohne den Alliierten eine entsprechende Absicht unterstellen zu wollen, kann dennoch festgestellt werden, dass die anlässlich der klassischen „Stickstofffrage" gefürchtete Erschöpfung der chilenischen Salpeterbestände damit sozusagen *simuliert* wurde. Im Angesicht von Hunger und Munitionsmangel blieb dem deutschen Staat keine andere Wahl,

---

[554] Mit rund 5'500 Jahrestonnen gebundenen Stickstoffs. (Siehe Kapitel 7.)

als sich des Problems anzunehmen und die industrielle Fixierung des Luftstickstoffs in enger Zusammenarbeit mit der Privatwirtschaft weiter voranzutreiben. Unter diesen spezifischen Bedingungen entwickelte sich die deutsche Stickstoffwirtschaft in einem Masse, wie es in Friedenszeiten im selben Zeitraum undenkbar gewesen wäre. Zwar reichten die gegen Kriegsende einsetzenden Erfolge dennoch nicht zur Deckung des gewaltigen Kriegsbedarfs an Stickstoffverbindungen aus. Da die Gesamterzeugung des Jahres 1918 jedoch annähernd die Höhe des Vorkriegsbedarfs der Landwirtschaft erreichte, und da die neue Infrastruktur auch nach Kriegsende weiterhin bestand, konnte die klassische „Stickstofffrage" für Deutschland dennoch als gelöst gelten. Das mit den Mittelmächten unbeabsichtigt durchgeführte „Experiment" bewies somit, dass auch ein industrialisierter und dicht besiedelter Staat wie Deutschland seine Bevölkerung mit Hilfe einer entsprechend ausgebauten Industrie unabhängig von der Einfuhr chilenischen Salpeters ernähren konnte.

Für allfällige weitergehende Studien würde sich eine Ausdehnung der Fragestellung auf die Zeit nach 1918 anbieten. Nebst der Rekonstruktion der deutschen Versorgung mit Stickstoffverbindungen während der von den Alliierten aufrechterhaltenen Nachkriegsblockade könnte dabei auch der Frage nachgegangen werden, ob sich die im Krieg neu geschaffene, deutsche Stickstoffwirtschaft auch in der Zwischenkriegszeit behaupten konnte bzw. wie sie sich weiter entwickelte. Für eine weitergehende, allgemeine Bewertung der „Stickstofffrage" im Ersten Weltkrieg könnte sich zudem eine vergleichende Studie mit einem Staat der Entente als sinnvoll erweisen. Aufgrund seiner geographischen Lage, seiner stark beschränkten Anbaufläche und seiner agrarwirtschaftlichen Entwicklung wäre Grossbritannien hierfür besonders geeignet.

Was die Rolle der Schweiz anbelangt, wäre eine genaue, quellenbasierte Aufschlüsselung der Verwendung des nach Deutschland ausgeführten Calciumcarbids vorzunehmen. Eine solche könnte allenfalls anhand der bisher nicht konsultierten Quellenbestände des *Geheimen Staatsarchivs – Stiftung Preussischer Kulturbesitz* in Berlin nachgeholt werden. Ähnlich verhält es sich mit den Produktionszahlen der Lonza-Werke GmbH in Waldshut, die nur indirekt hergeleitet werden konnten. Hier würde sich eine Auseinandersetzung mit den bisher nicht erschlossenen Überresten des entsprechenden Firmenarchivs anbieten, das heute im Besitz einer Nachfolgerfirma ist. Für eine weitergehende Bewertung der Rolle der Schweiz wäre zudem auch eine Rekonstruktion ihrer eigenen Versorgung mit Stickstoffverbindungen vorzunehmen.

9 Bibliographie

9.1 Quellen

9.1.1 Ungedruckte Quellen

Archiv Heimatverein Steglitz e.V., Berlin

ZM Zeichnungen/Malereien: 576.

BASF Unternehmensarchiv, Ludwigshafen am Rhein (BASF)

A 18: Ammoniakwerk Merseburg: 22, 23.
A 861: Weltkrieg.
B 4: Stickstoffhandelsmonopol: 455, 457.
T 14: Stickstoffhandelsmonopol: 1, 2.
Voigtländer-Tetzner, Walter, Die Bindung des Luftstickstoffs 1895-1940, Bd. 1, 1895-1918, unveröffentlichtes Manuskript.

Deutsches Bundesarchiv, Berlin (BArch)

R 2: Reichsfinanzministerium: 43039, 43041.
R 43: Reichskanzlei: 2466 a.
R 3601: Reichsministerium für Ernährung und Landwirtschaft: 746.
R 4604: Generalinspektor für Wasser und Energie: 226.
R 8729: Kriegschemikalien AG: 64, 65, 287, 288, 337, 338, 340, 343, 344, 352.

Deutsches Bundesarchiv, Militärarchiv, Freiburg im Breisgau (BArch MA)

MSg 2: Militärgeschichtliche Sammlung: 760 a.
PH 2: Preussisches Kriegsministerium: 62, 81, 86.
PH 3: Generalstab: 42, 509.

Schweizerisches Bundesarchiv, Bern (BAR)

E 27 (-): Landesverteidigung: 18683/2.
E 2001 (A): Eidgenössisches Politisches Departement: 897, 917.
E 7350 (-) 1000/1104: Kriegswirtschaft EVD: 5, 39, 40, 42, 60.

Stadtarchiv Waldshut-Tiengen

793.32-9 WH: Lonza-Werke GmbH: 5, 6, 9, 11.

9.1.2 Gedruckte Quellen

Abteilung für industrielle Kriegswirtschaft (Hg.), Die Abteilung für industrielle Kriegswirtschaft des eidgenössischen Volkswirtschafts-Departementes, Bd. 2, Sektion Chemie sowie Handelsabteilung „Chemische Angelegenheiten" 1915-1919. *Übersicht* über Tätigkeit und Entwicklung der schweizerischen chemischen Industrie vor und während des Weltkrieges, Bern 1925.

Botschaft des Bundesrates an die Bundesversammlung betreffend die Ergebnisse der im Jahre 1907 im Haag abgehaltenen zweiten internationalen *Friedenskonferenz*. Vom 28. Dezember 1908, in: BBl 1909, Bd. 1: 1-433.

Bundesbeschluss über die Abgabe inländischer *Wasserkräfte* ins Ausland. Vom 31. März 1906, in: AS 1906: 160-161.

Bundesratsbeschluss betreffend *Ausfuhrverbote*. Vom 13. August 1914, in: AS 1914: 384-385.

Bundesratsbeschluss betreffend *Ausfuhrverbote*. Vom 18. September 1914, in: AS 1914: 483-484.

Bundesratsbeschluss betreffend *Ausfuhrverbote*. Vom 5. November 1915, in: AS 1915: 357-360.

Bundesratsbeschluss betreffend *Ausfuhrverbote*. Vom 6. März 1916, in: AS 1916: 71-72.

Bundesratsbeschluss betreffend die Ausdehnung der *Ausfuhrverbote* vom 18. September, 20. und 27. Oktober 1914. Vom 27. November 1914, in: AS 1914: 584-585.

Das *Tagebuch* Wichard v. *Moellendorffs* vom 13. August bis zum 14. Oktober 1914, in: TZFU 16 (1971): 78-92.

Kaiserliches Statistisches Amt (Hg.), Statistisches *Jahrbuch* für das Deutsche Reich, 1915, Berlin 1915.

Ludendorff, Erich, *Urkunden* der obersten Heeresleitung über ihre Tätigkeit 1916/18, Berlin 1920.

Schweizerisches Zolldepartement (Hg.), *Statistik* des Warenverkehrs der Schweiz mit dem Auslande, 1913-1918, Bern 1914-1919.

Statistisches Reichsamt (Hg.), Statistisches *Jahrbuch* für das Deutsche Reich, 1919-1921/22, Berlin 1919-1922.

9.1.3 *Literatur mit Quellencharakter*

Aereboe, Friedrich, Der *Einfluss* des Krieges auf die landwirtschaftliche Produktion in Deutschland, Stuttgart 1927.

Aluminium-Industrie-Aktien-Gesellschaft in Chippis (Hg.), *Geschichte* der Aluminium-Industrie-Aktien-Gesellschaft Neuhausen 1888-1938, Bd. 1, Die Jahre von 1888 bis 1920, Zürich 1942.

Ausschuss zur Untersuchung der Erzeugungs- und Absatzbedingungen der deutschen Wirtschaft (Hg.), Die deutsche Chemische *Industrie*. Verhandlungen und Berichte des Unterausschusses für Gewerbe: Industrie, Handel und Handwerk (III: Unterausschuss), Berlin 1930.

Braetsch, Hans, Die *Stickstoff-Frage* in Deutschland unter besonderer Berücksichtigung der oberschlesischen Stickstoffwerke (Chorzow) und deren augenblicklicher besonderer Bedeutung, Diss., Würzburg 1921.

Braun, Friedrich Edler von, Dade, Heinrich Gerd (Hgg.), *Arbeitsziele* der deutschen Landwirtschaft nach dem Kriege, Berlin 1918.

Bueb, Julius, Warmbold, Hermann, *Ausführungen* der Sachverständigen Dr. Bueb und Dr. Warmbold über die Produktions- und Absatzverhältnisse der Industrie stickstoffhaltiger Düngemittel, in: Ausschuss (Hg.), Industrie: 143-187.

Caro, Nikodem, Der *Kalkstickstoff*, in: Braun, Dade (Hgg.), Arbeitsziele: 866-871.

Caro, Nikodem, Die *Stickstofffrage* in Deutschland. Vortrag, gehalten am 23. April 1907 im polytechnischen Verein zu München, Berlin 1908.

Caro, Nikodem, Die *Stickstoffgewinnung* im Kriege, in: Schwarte (Hg.), Technik: 537-551.

Clauss, Carl, Die *Stickstoffversorgung* der deutschen Landwirtschaft unter dem Einfluss des Weltkriegs und dessen Nachwirkungen. Eine volkswirtschaftliche Betrachtung, Diss., Giessen 1927.

Crookes, William, The *Wheat* Problem. Based on remarks made in the Presidential Address to the British Association at Bristol in 1898, London 1899.

Deutsche Ammoniak-Verkaufsvereinigung in Bochum, Schwefelsaures *Ammoniak* aus Kohle, in: Braun, Dade (Hgg.), Arbeitsziele: 852-858.

Elektrizitätswerk Lonza (Hg.), *Elektrizitätswerk* Lonza. Aktiengesellschaft mit Sitz in Gampel (Wallis). Verwaltung in Basel, Aeschenvorstadt 72, [o.O.u.J.].

Eucken, Walter, Die *Stickstoffversorgung* der Welt. Eine volkswirtschaftliche Untersuchung, Stuttgart 1921.

Geering, Traugott, *Handel* und Industrie der Schweiz unter dem Einfluss des Weltkriegs, Basel 1928.

Goebel, Otto, Deutsche *Rohstoffwirtschaft* im Weltkrieg einschliesslich des Hindenburg-Programms, Stuttgart 1930.

Grossmann, Hermann, Die *Stickstofffrage* und ihre Bedeutung für die deutsche Volkswirtschaft, Berlin 1911.

Grossmann, Hermann (Hg.), Der *Kalkstickstoff* in Wissenschaft, Technik und Wirtschaft, Stuttgart 1931.

Grossmann, Hermann, Weicksel, Paul, Die *Stickstoffindustrie* der Welt, Berlin 1930.

Haber, Fritz, Fünf *Vorträge* aus den Jahren 1920-1923, Berlin 1924.

Helfferich, Karl, Der *Weltkrieg*, Bd. 2, Vom Kriegsausbruch bis zum uneingeschränkten U-Bootkrieg, Berlin 1919.

Huber, Robert, Zur *Stickstoff-Frage*. Eine Studie, Bern 1908.

Janke, Fritz, *Geschichte*, Technik und Wirtschaft des Kalkstickstoffs, in: Grossmann (Hg.), Kalkstickstoff: 1-134.

Justrow, Karl, Der technische *Krieg*, Bd. 2, Waffenwirkung und Kampfesweise im Zukunftskrieg, Berlin 1939.

Kuczynski, Robert, Zuntz, Nathan, Deutschlands Nahrungs- und *Futtermittel*, in: AStA 9 (1915): 107-188.

Lau, Kurt, *Kalkstickstoff* für den Krieg! Zur Entstehung des Stickstoffwerkes Piesteritz, Piesteritz 1978.

Lemmermann, Otto, *Ernährung* und Düngung der landwirtschaftlichen Kulturpflanzen, in: Braun, Dade (Hgg.), Arbeitsziele: 798-850.

Linter, Eduard, *Calciumcyanamid* und Dicyandiamid als Vegetationsfaktoren, Diss., Königsberg i. PR. 1917.

Lonza AG (Hg.), *50 Jahre* Lonza Elektrizitätswerke und chemische Fabriken Aktiengesellschaft 1897-1947, [o.O.] 1947.

Mittasch, Alwin, *Geschichte* der Ammoniaksynthese, Weinheim 1951.

Mittasch, Alwin, *Salpetersäure* aus Ammoniak. Geschichtliche Entwicklung der Ammoniakoxydation bis 1920, Weinheim 1953.

Neubauer, Hugo, Die wahre *Grösse* der Stickstoffnot, in: ZFAC 32 (1919): 437.

Ost, Hermann, *Lehrbuch* der chemischen Technologie, 10. Auflage, Leipzig 1919.

Poppenberg, Otto, *Pulver* und Sprengstoffe, in: Schwarte (Hg.), Technik: 92-114.

Rabius, Wilhelm, Kritische *Betrachtungen* zur voraussichtlichen Lösung der Stickstoffrage, Jena 1907.

Rathenau, Walther, Deutschlands *Rohstoffversorgung*. Vortrag, gehalten in der „Deutschen Gesellschaft 1914“ am 20. Dezember 1915, Berlin 1916.

Schmidt, Albrecht, Die industrielle *Chemie* in ihrer Bedeutung im Weltbild und Erinnerungen an ihren Aufbau, Berlin 1934.

Schmitt, Franz August, Die volkswirtschaftliche *Bedeutung* der Stickstoff-Frage für Deutschland vor dem Krieg und während des Krieges, Diss., Darmstadt 1918.

Schwarte, Max (Hg.), Die *Technik* im Weltkriege, Berlin 1920.

Schwerdtfeger, Albert, Die volkswirtschaftliche *Bedeutung* der Kalkstickstoffindustrie für die Stickstoffversorgung, Diss., Köln 1923.

Sieveking, Heinrich, Schweizerische *Kriegswirtschaft*, Lausanne 1922.

Stein, Eberhard, Die *Entstehung* der Leunawerke und die Anfänge der Arbeiterbewegung in den Leunawerken während des ersten Weltkrieges und der Novemberrevolution, Diss., Halle 1960.

Trümpy, Hans, *Ausfuhr* elektrischer Energie, Zürich 1925.

Waeser, Bruno, Die *Luftstickstoff-Industrie.* Mit Berücksichtigung der chilenischen Industrie und des Kokereistickstoffs, *2.*, überarbeitete *Auflage*, Leipzig 1932.

Waeser, Bruno, Die *Luftstickstoff-Industrie.* Mit besonderer Berücksichtigung der Gewinnung von Ammoniak und Salpetersäure, *1. Auflage*, Leipzig 1922.

Winteler, Fridolin, Die heutige industrielle *Elektrochemie.* Ein Überblick mit besonderer Berücksichtigung der schweizerischen Verhältnisse, Zürich 1919.

9.2 Literatur

Abelshauser, Werner (Hg.), Die *BASF.* Eine Unternehmensgeschichte, 2. Auflage, München 2003.

Achilles, Walter, Deutsche *Agrargeschichte* im Zeitalter der Reformen und der Industrialisierung, Stuttgart 1993.

Afflerbach, Holger, *Falkenhayn*, Erich von, in: Hirschfeld u.a. (Hgg.), Enzyklopädie: 467-469.

Aubin, Hermann, Zorn, Wolfgang (Hg.), *Handbuch* der Deutschen Wirtschafts- und Sozialgeschichte, Bd. 2, Das 19. und 20. Jahrhundert, Stuttgart 1976.

Balz, Otto, Hamacher, H., *Stickstoffdüngemittel*, in: Fachverband (Hg.), Stickstoff: 31-66.

Becker, Hans, Allgemeine historische *Agrargeographie*, Stuttgart 1998.

Becker, Jean-Jacques, *Marne*, in: Hirschfeld u.a. (Hgg.), Enzyklopädie: 697-699.

Berghahn, Volker, Der Erste *Weltkrieg*, 3. Auflage, München 2006.

Bickel, Horst, Claus, Roman, Frank, Roland, Groppengiesser, Harald, Haala, Gert, Knauer, Bernhard, Kronberg, Inge, Lichtner, Hans-Dieter, Loth, Uschi, Schweizer, Jürgen, Sommermann, Ulrich, Ströhla, Gerhard, Tischer, Wolfgang, Wichert, Günther, *Natura*, Bd. 3, Biologie für die gymnasiale Oberstufe, 2. Auflage, Stuttgart 2001.

Bohn, Robert, *Norwegen*, in: Hirschfeld u.a. (Hgg.), Enzyklopädie: 748-749.

Burchardt, Lothar, Eine neue *Quelle* zu den Anfängen der Kriegswirtschaft in Deutschland 1914, in: TZFU 16 (1971): 72-77.

Burchardt, Lothar, *Friedenswirtschaft* und Kriegsvorsorge. Deutschlands wirtschaftliche Rüstungsbestrebungen vor 1914, Boppard am Rhein 1968.

Chickering, Roger, Das Deutsche *Reich* und der Erste Weltkrieg, München 2002.

Cornelissen, Christoph, *Schlieffen-Plan*, in: Hirschfeld u.a. (Hgg.), Enzyklopädie: 819-820.

Corni, Gustavo, *Ernährung*, in: Hirschfeld u.a. (Hgg.), Enzyklopädie: 461-464.

Der *Brockhaus* in einem Band, 3. Auflage, Mannheim 1990.

Ditt, Karl, Gudermann, Rita, Rüsse, Norwich (Hgg.), *Agrarmodernisierung* und ökologische Folgen. Westfalen vom 18. bis zum 20. Jahrhundert, Paderborn 2001.

Ehlert, Hans Gotthard, Die wirtschaftliche *Zentralbehörde* des Deutschen Reiches 1914 bis 1919. Das Problem der „Gemeinwirtschaft“ in Krieg und Frieden, Diss., Wiesbaden 1982.

Fachverband Stickstoffindustrie e.V. (Hg.), Der *Stickstoff*. Seine Bedeutung für die Landwirtschaft und die Ernährung der Welt, Düsseldorf 1961.

Falbe, Jürgen, Regitz, Manfred (Hgg.), *Römpp* Chemie Lexikon, 9., erweiterte und neubearbeitete Auflage, Stuttgart 1995.

Ferguson, Niall, Der falsche *Krieg*. Der Erste Weltkrieg und das 20. Jahrhundert, 3. Auflage, München 2006.

Fux, Christian, *100 Jahre* Lonza-Produkte: Von der Carbidlampe zur Feinchemie 1897-1997, in: Aktuell. Zeitschrift der Mitarbeiterinnen und Mitarbeiter der Lonza AG. Sonderausgabe zum 100jährigen Bestehen der Lonza [1997]: 1-76.

Geyer, Martin H., *Hindenburg-Programm*, in: Hirschfeld u.a. (Hgg.), Enzyklopädie: 557-558.

Gudermann, Rita, Der *Take-off* der Landwirtschaft im 19. Jahrhundert und seine Konsequenzen für Umwelt und Gesellschaft, in: Ditt u.a. (Hgg.), Agrarmodernisierung: 47-83.

Hansen, Hinrich, *Guano* ist alle! Dünger und Kunstdünger in Schleswig-Holstein im 19. Jahrhundert und einige ökologische Fragen, in: Jakubowski-Tiessen, Lorenzen-Schmidt (Hgg.), Dünger: 155-200.

Hardach, Gerd, Der Erste *Weltkrieg* 1914-1918, München 1973.

Hecker, Gerhard, Walther *Rathenau* und sein Verhältnis zu Militär und Krieg, Diss., Boppard am Rhein 1983.

Henning, Friedrich-Wilhelm, Das industrialisierte *Deutschland* 1914 bis 1976, 4. Auflage, Paderborn 1978.

Hirschfeld, Gerhard, Krumeich, Gerd, Renz, Irina (Hgg.), *Enzyklopädie* Erster Weltkrieg, Paderborn 2003.

Holdermann, Karl, Im *Banne* der Chemie. Carl Bosch. Leben und Werk, Düsseldorf 1953.

Huegel, Arnulf, *Kriegsernährungswirtschaft* Deutschlands während des Ersten und Zweiten Weltkrieges im Vergleich, Diss., Konstanz 2003.

Jakubowski-Tiessen, Manfred, Lorenzen-Schmidt, Klaus-Joachim (Hgg.), *Dünger* und Dynamit. Beiträge zur Umweltgeschichte Schleswig-Holsteins und Dänemarks, Neumünster 1999.

Johnson, Jeffrey Allan, Die *Macht* der Synthese (1900-1925), in: Abelshauser (Hg.), BASF: 117-219.

Kinder, Herrmann, Hilgemann, Werner, *dtv-Atlas* Weltgeschichte, Bd. 2, Von der Französischen Revolution bis zur Gegenwart, 25., erweiterte Auflage, München 1991.

Kluge, Ulrich, *Agrarwirtschaft* und ländliche Gesellschaft im 20. Jahrhundert, München 2005.

Kramer, Alan, *Kriegsrecht* und Kriegsverbrechen, in: Hirschfeld u.a. (Hgg.), Enzyklopädie: 281-292.

Krebs, Hans, Die *Chemie* des Stickstoffs, in: Fachverband (Hg.), Stickstoff: 9-30.

Krumeich, Gerd, *Verdun*, in: Hirschfeld u.a. (Hgg.), Enzyklopädie: 942-945.

Lahusen, Caroline, Der *Tod* aus dem Labor, in: GEO Epoche 14 (2004): 86-87.

Lewicki, Wilhelm, Siebeneicher, Georg E. (Hgg.), Justus von *Liebig*. Boden, Ernährung, Leben. Texte aus vier Jahrzehnten, Stuttgart 1989.

Maier, Willi, Die *LONZA-Werke* GmbH in Waldshut-Tiengen. Geschichte, Gegenwart und Zukunftsaspekte, in: HAH 9 (1984): 34-43.

Michalka, Wolfgang (Hg.), Der Erste *Weltkrieg*. Wirkung, Wahrnehmung, Analyse, München 1994.

Michalka, Wolfgang, *Kriegsrohstoffbewirtschaftung*, Walther Rathenau und die „kommende Wirtschaft“, in: Michalka (Hg.), Weltkrieg: 485-505.

Mooser, Josef, *Einführung*: Moderne Landwirtschaft. Bemerkungen zu langfristigen Weichenstellungen und Phasen der agrarischen Modernisierung seit dem 18. Jahrhundert, in: Ditt u.a. (Hgg.), Agrarmodernisierung: 15-22.

Nagel, Alfred von, *Stickstoff*. Die technische Chemie stellt die Ernährung sicher, Ludwigshafen/Rhein 1969.

Ochsenbein, Heinz, Die verlorene *Wirtschaftsfreiheit* 1914-1918. Methoden ausländischer Wirtschaftskontrollen über die Schweiz, Diss., Bern 1971.

Pfister, Christian, Im *Strom* der Modernisierung. Bevölkerung, Wirtschaft und Umwelt im Kanton Bern (1700-1914), Bern 1995.

Pfister, Christian, Thut, Werner, Haushälterischer *Umgang* mit Boden. Erfahrungen aus der Geschichte, Bern 1986.

Plachetka, Manfred Günther, Die *Getreide-Autarkiepolitik* Bismarcks und seiner Nachfolger im Reichskanzleramt. Darstellung und Auswirkungen insbesondere während des ersten Weltkrieges, Diss., Bonn 1969.

Poglitsch, Siegfried, Die *Entwicklung* der deutschen Stickstoffindustrie bis zum Ausbruch des II. Weltkrieges, Diss., Köln 1952.

Pöhlmann, Markus, *Moltke*, Helmuth Johannes Ludwig von (der Jüngere), in: Hirschfeld u.a. (Hgg.), Enzyklopädie: 725-726.

Pschyrembel, Willibald (Hg.), *Pschyrembel*. Klinisches Wörterbuch, 258., überarbeitete Auflage, Berlin 1998.

Rennhard, Josef, Malleis, Konrad, *75 Jahre* Kraftwerk Laufenburg, Laufenburg 1983.

Rolfes, Max, *Landwirtschaft* 1914-1970, in: Aubin, Zorn (Hgg.), Handbuch: 741-795.

Rossfeld, Roman, Straumann, Tobias (Hgg.), Der vergessene *Wirtschaftskrieg*. Schweizer Unternehmen im Ersten Weltkrieg, Zürich 2008.

Rossfeld, Roman, Straumann, Tobias, Zwischen den *Fronten* oder an allen Fronten? Eine Einführung, in: Rossfeld, Straumann (Hgg.), Wirtschaftskrieg: 11-59.

Roth, Regina, *Staat* und Wirtschaft im Ersten Weltkrieg. Kriegsgesellschaften als kriegswirtschaftliche Steuerungsinstrumente, Diss., Berlin 1997.

Sabrow, Martin, *Rathenau*, Walther, in: Hirschfeld u.a. (Hgg.), Enzyklopädie: 786-787.

Salewski, Michael, *Seekrieg*, in: Hirschfeld u.a. (Hgg.), Enzyklopädie: 828-832.

Scheffer, Fritz, Stickstoff und *Boden*, in: Fachverband (Hg.), Stickstoff: 67-119.

Scheffer, Fritz, Stickstoff und *Pflanze*, in: Fachverband (Hg.), Stickstoff: 121-169.

Simkins, Peter, *Somme*, in: Hirschfeld u.a. (Hgg.), Enzyklopädie: 851-855.

Smil, Vaclav, Enriching the *Earth*. Fritz Haber, Carl Bosch, and the Transformation of World Food Production, Massachusetts 2001.

Smil, Vaclav, *Nitrogen* and Food Production: Proteins for Human Diets, in: Ambio 31 (2002): 126-131.

Smil, Vaclav, *Weltbevölkerung* und Stickstoffdünger, in: SdW 9 (1997): 38-44.

Steigmeier, Andreas, *Power* on. Elektrowatt 1895-1995, Zürich 1995.

Stoltzenberg, Dietrich, Fritz *Haber*. Chemiker, Nobelpreisträger, Deutscher, Jude, Weinheim 1994.

Storz, Dieter, *Haber*, Fritz, in: Hirschfeld u.a. (Hgg.), Enzyklopädie: 540.

Stotz, H., *Stickstoff* als Bauelement im Eiweissmolekül und dessen Funktion im Stoffwechselgeschehen bei Mensch und Tier, in: Fachverband (Hg.), Stickstoff: 181-209.

Szöllösi-Janze, Margit, *Berater*, Agent, Interessent? Fritz Haber, die BASF und die staatliche Stickstoffpolitik im Ersten Weltkrieg, in: BWG 19 (1996): 105-117.

Szöllösi-Janze, Margit, Fritz *Haber* 1868-1934. Eine Biographie, München 1998.

Tegeder, Fritz, Mayer, Ludwig, *Verfahren* der Chemie-Industrie in farbigen Fliessbildern, Bd. 1, Anorganisch, 2. Auflage, Braunschweig 1965.

Teltschik, Walter, *Geschichte* der deutschen Grosschemie. Entwicklung und Einfluss in Staat und Gesellschaft, Weinheim 1992.

Thoss, Bruno, *Materialschlacht*, in: Hirschfeld u.a. (Hgg.), Enzyklopädie: 703-704.

Thoss, Bruno, *Munitionskrise*, in: Hirschfeld u.a. (Hgg.), Enzyklopädie: 727-728.

Trott, Hagen, *Stickstoff*. Grundlagen des Stickstoffeinsatzes in der Landwirtschaft, Frankfurt am Main 2006.

Verein Schweizerischer Mathematik- und Physiklehrer (Hg.), *Formeln* und Tafeln. Mathematik – Physik, 9. Auflage, Zürich 2001.

Vester, Frederic, Die *Kunst* vernetzt zu denken. Ideen und Werkzeuge für einen neuen Umgang mit Komplexität, 3. Auflage, München 2003.

Vincent, Charles Paul, The *Politics* of Hunger. The Allied Blockade of Germany, 1915-1919, Ohio 1985.

Wanner, Gustav Adolf, *75 Jahre* Lonza AG, Basel 1972.

Wermke, Matthias, Kunkel-Razum, Kathrin, Scholze-Stubenrecht, Werner (Hgg.), Duden. Das *Fremdwörterbuch*, 9., aktualisierte Auflage, Mannheim 2007.

Werner, Willfried, Justus von *Liebig* und die modernen Auffassungen von einer umweltverträglichen Mineralstoffernährung der Pflanze, in: Lewicki, Siebeneicher (Hgg.), Liebig: 7-20.

Willmes, Arnold, *Taschenbuch* Chemische Substanzen. Elemente, Anorganika, Organika, Naturstoffe, Polymere, Thun 1993.

Wörner, Hans Jakob, Unsere *Lonza*, in: HAH 3 (1967/68): 114-118.

10 Abbildungsverzeichnis

11 Abkürzungsverzeichnis

Abb.	Abbildung
AEG	Allgemeine Elektricitäts-Gesellschaft
AG	Aktiengesellschaft
AS	Amtliche Sammlung der Bundesgesetze und Verordnungen der Schweizerischen Eidgenossenschaft
AStA	Allgemeines Statistisches Archiv
BAR	Schweizerisches Bundesarchiv
bar	Einheit für Druck
BArch	Deutsches Bundesarchiv
BASF	Badische Anilin- & Soda-Fabrik (auch Unternehmensarchiv)
BBl	Bundesblatt der Schweizerischen Eidgenossenschaft
BWG	Berichte zur Wissenschaftsgeschichte
DAVV	Deutsche Ammoniak-Verkaufs-Vereinigung
DDR	Deutsche Demokratische Republik
EMD	Eidgenössisches Militärdepartement
EVD	Eidgenössisches Volkswirtschaftsdepartement
GmbH	Gesellschaft mit beschränkter Haftung
H_2	Wasserstoff
HAH	Heimat am Hochrhein
KCA	Kriegschemikalien AG
kg	Kilogramm
KMA	Kriegsmetall AG
KRA	Kriegs-Rohstoff-Abteilung
kW	Kilowatt
kWh	Kilowattstunde
MA	Militärarchiv
N, N_2	Stickstoff (Nitrogenium)
NH_3	Ammoniak
NH_4^+	Ammonium
NO	Stickstoffoxyd (Stickoxyd)
NO_2	Stickstoffdioxyd
NO_3^-	Nitrat
N.O.T.	Nederlandsche Overzee Trustmaatschappij
OHL	Oberste Heeresleitung

o.J.	ohne Jahr
o.O.	ohne Ort
o.O.u.J.	ohne Ort und Jahr
PS	Pferdestärken
SdW	Spektrum der Wissenschaft
S.S.S.	Société suisse de surveillance économique
t	Tonne
TNP	Trinitrophenol
TNT	Trinitrotoluol
TZFU	Tradition. Zeitschrift für Firmengeschichte und Unternehmerbiographie
WUMBA	Waffen- und Munitionsbeschaffungsamt
ZFAC	Zeitschrift für angewandte Chemie

12 ANHANG

Anhang 1: Umrechnungstabelle Stickstoffverbindungen

Quellen: Falbe, Regitz (Hgg.), Römpp; Waeser, Luftstickstoff-Industrie, 1. Auflage: 13, 19; Abteilung für industrielle Kriegswirtschaft (Hg.), Übersicht: 38; Willmes, Taschenbuch: 492; Hansen, Guano: 170.

Name	*Bruttoformel*	*Molare Masse (g/mol)*	*N-Gehalt, theoretisch (%)*	*N-Gehalt, praktisch (%)*
Stickstoff	N	14.01	100.00	
Ammoniak	NH_3	17.03	82.35	
Salpetersäure	HNO_3	63.02	22.22	
Ammoniumsulfat	$(NH_4)_2SO_4$	132.14	21.20	20
Ammoniumnitrat	NH_4NO_3	80.05	35.00	
Calciumcyanamid	$CaCN_2$	80.11	34.96	15-22
Calciumnitrat	$Ca(NO_3)_2$	164.10	17.06	13
Knallquecksilber	$C_2HgN_2O_2$	284.60	9.84	
Trinitrotoluol	$C_7H_5N_3O_6$	227.13	18.50	
Trinitrophenol	$C_6H_3N_3O_7$	229.11	18.34	
Cellulosedinitrat	$C_6H_8O_3(ONO_2)_2$	252.14	11.11	
Cellulosetrinitrat	$C_6H_7O_2(ONO_2)_3$	297.14	14.14	
Glycerintrinitrat	$C_3H_5(ONO_2)_3$	227.09	18.50	
Kaliumnitrat	KNO_3	101.10	13.85	
Natriumnitrat	$NaNO_3$	84.99	16.47	15.5
Schwarzpulver			9.26	
Guano				9-13

Anhang 2: Der deutsche Inlandverbrauch an Stickstoffverbindungen im Jahr 1913

Aufgeschlüsselt nach Art der Stickstoffverbindung und Verbrauchergruppe. Dargestellt jeweils in Tonnen sowie in Tonnen Stickstoff.

Quelle: BASF B 4 457: [o.J.] – Übersicht über den Verbrauch an Chilesalpeter u.s.w. im Jahre 1913, umgerechnet in Stickstoff. Aufgestellt nach dem Gutachten Sachverständiger.

	Landwirtschaft		*Industrie*	
	t	*t N*	*t*	*t N*
Chilesalpeter	600’000	93’000	150’000	23’250
Ammoniumsulfat	450’000	90’000	60’000	12’000
Kalkstickstoff, Kalksalpeter	90’000	15’300	0	0
Ammoniakwasser	0	0	40’000	4’000
Nitrite	0	0	7’800	1’560
Total	**1’140’000**	**198’300**	**257’800**	**40’810**

Anhang 3: Theoretisch mögliche Deckung des deutschen Stickstoffbedarfs des Jahres 1913 durch die inländische Produktion (nach Verfahren) und verbleibende Importabhängigkeit

Quellen: Eucken, Stickstoffversorgung: 50; BASF B 4 455: 24.7.1915 – Schreiben der Badischen Anilin- & Soda-Fabrik an sämtliche Reichstagsabgeordneten: 2; Caro, Stickstoffgewinnung: 541; BArch R 43 2466 a: 3.11.1914 – Denkschrift der Aktien-Gesellschaft für Stickstoffdünger und der Bayrischen Stickstoff-Werke Aktien-Gesellschaft, im Anhang des Schreibens des Ministeriums für Landwirtschaft, Domänen und Forsten an den Reichskanzler (Grosses Hauptquartier): 8.

Stickstoffquelle	*Menge in t N*		*Anteil am dt. Verbrauch*	
Trockendestillation	110’000		48.9%	
Kalkstickstoffverfahren	10’000	127’300	4.4%	56.6%
Hochdruckverfahren	7’300		3.2%	
Importe	>97’700		>43.4%	
Total	>225’000		100.0%	

Anhang 4: Deutsche Salpeterbestände und Salpetersäureproduktion durch Oxidation in den Jahren 1915 und 1916 in Tonnen Stickstoff

Quelle: BArch R 8729 65: 1916 – Diehl, Th., Bericht über Chemikalien mit 14 Anlagen. Anlagen zu A1 und A2.

Monat, Jahr	*Bestände an Chilesalpeter und div. salpetersauren Salzen*	*monatliche Salpetersäureproduktion durch Oxidation*
Jan 15	20'300	
Feb 15	21'500	
Mrz 15	21'500	
Apr 15	17'000	200
Mai 15	16'000	400
Jun 15	11'500	600
Jul 15	9'500	1'600
Aug 15	8'500	2'100
Sep 15	6'750	3'000
Okt 15	5'000	2'500
Nov 15	5'000	3'800
Dez 15	5'000	4'300
Jan 16	6'000	4'750
Feb 16	6'750	4'750
Mrz 16	7'500	4'500
Apr 16	7'000	5'250
Mai 16	7'500	5'880
Jun 16	8'000	6'000
Jul 16	8'500	6'380
Aug 16	9'000	6'750
Sep 16	9'500	7'630

Anhang 5: Ammoniakausstoss der deutschen Kokereien und Gaswerke in den Jahren 1913 bis 1919 in Tonnen Stickstoff

Quelle: Deutsche Ammoniak-Verkaufs-Vereinigung in Bochum, zitiert in Bueb, Warmbold, Ausführungen: 154. Die Zahlen werden auch durch andere Quellen gestützt. So beispielsweise durch die Deutsche Ammoniak-Verkaufsvereinigung in Bochum, Ammoniak: 855.

Jahr	*Ammoniakausstoss*
1913	108'350
1914	94'680
1915	69'280
1916	68'220
1917	56'470
1918	53'810
1919	55'005

Anhang 6: Deutsche Roheisen- und Koksproduktion der Jahre 1913 bis 1919 in Tonnen

Quellen: Statistisches Reichsamt (Hg.), Jahrbuch 1920: 74-75; Statistisches Reichsamt (Hg.), Jahrbuch 1921/22: 88-89.

Jahr	*Roheisenproduktion*	*Koksproduktion*
1913	16'763'800	34'630'400
1914	12'581'200	28'596'800
1915	10'154'700	27'216'600
1916	11'342'100	34'201'800
1917	11'622'200	34'709'900
1918	9'208'300	34'428'300
1919	5'654'200	22'709'500

Anhang 7: Die der Landwirtschaft in den Düngejahren 1913/14 bis 1917/18 zugeführten Mengen an Stickstoffverbindungen in Tonnen Stickstoff

Quelle: Aereboe, Einfluss: 43.

Düngejahr	*Stickstoff-Handelsdünger*
1913/14	210'000
1914/15	98'000
1915/16	73'000
1916/17	80'000
1917/18	92'000

Anhang 8: Die Gesamterzeugung der deutschen Stickstoffwirtschaft in den Jahren 1913 bis 1918 in Tonnen Stickstoff

Quellen: Anhang 3; Bueb, Warmbold, Ausführungen: 156; BArch R 8729 287: 23.11.1916 – Bericht von Leutnant Holm der KCA über Besuche bei den Werken Zschornewitz und Rhina; Waeser, Luftstickstoff-Industrie, 1. Auflage: 50; Waeser, Luftstickstoff-Industrie, 2. Auflage: 6; Mittasch, Geschichte: 182.

Jahr	*Trocken-destillation*	*Lichtbogenverfahren*	*Kalkstickstoffverfahren*	*Hochdruckverfahren*	*Total*
1913	108'350	0	9'800	750	118'900
1914	94'680	0	13'200	7'000	114'880
1915	69'280	0	14'700	12'200	96'180
1916	68'220	0	34'000	51'000	153'220
1917	56'470	300	36'600	75'000	168'370
1918	53'810	150	35'600	94'000	183'560

Anhang 9: Die Ausfuhr in der Schweiz produzierter Stickstoffverbindungen nach Deutschland in Tonnen Stickstoff

Quellen: Schweizerisches Zolldepartement (Hg.), Statistik 1914: 171; Schweizerisches Zolldepartement (Hg.), Statistik 1915: 163; Schweizerisches Zolldepartement (Hg.), Statistik 1916: 161; Schweizerisches Zolldepartement (Hg.), Statistik 1917: 153; Schweizerisches Zolldepartement (Hg.), Statistik 1918: 144; Geering, Handel: 714; Abteilung für industrielle Kriegswirtschaft (Hg.), Übersicht: 54, 58.

Jahr	*Salpetersäure*	*Ammoniak*	*Calciumcyanamid*
1914	124	300	1'580
1915	121	250	1'490
1916	2	100	2'184
1917	>0	20	1'170
1918	>0	>0	904

Anhang 10: Gegenüberstellung des Schweizer Inlandverbrauchs an Calciumcarbid mit den Exporten an die Entente und an Deutschland in Tonnen

Quellen: Schweizerisches Zolldepartement (Hg.), Statistik 1913: 174; Schweizerisches Zolldepartement (Hg.), Statistik 1914: 169; Schweizerisches Zolldepartement (Hg.), Statistik 1915: 161; Schweizerisches Zolldepartement (Hg.), Statistik 1916: 160; Schweizerisches Zolldepartement (Hg.), Statistik 1917: 151; Schweizerisches Zolldepartement (Hg.), Statistik 1918: 142; Abteilung für industrielle Kriegswirtschaft (Hg.), Übersicht: 112, 113.

Jahr	*Verbrauch Schweiz*	*Ausfuhr Entente*	*Ausfuhr Deutschland (ohne Verbündete)*
1913	9'123	4'106	24'983
1914	5'410	2'727	29'547
1915	15'075	589	48'631
1916	19'011	10'577	46'251

1917	18’251	17’168	37’843
1918	29’112	30’295	44’210